Dedicatoria

Este libro lo dedico a mi Padre Celestial, con todo mi corazón en gratitud a Él; por su gran demostración de amor, al enviar a Jesús a morir en la cruz para salvarme a mí.

Al precioso Espíritu Santo, quien permanece conmigo cada día enseñándome pacientemente sus verdades maravillosas, guiándome y mostrándome las "cosas grandes y ocultas" que Él tiene reservadas para quienes le buscan.

¡Gracias querido Padre, Hijo y Espíritu Santo!

Todos los derechos reservados.

Este libro o porciones no puede ser reproducido sin el permiso previo del autor.

Diseño:
www.JoseLuisDesigns.com

Impreso en Colombia
por Panamericana Formas Impresos S.A.

Comentarios

"Que importante es este libro para los tiempos en que vivimos, tiempos de tener nuestros ojos abiertos para poder ver la gloria de Dios en nuestras vidas personales, la Iglesia y en las comunidades en el mundo entero. Tiempos de refrescamiento vienen a través de la presencia del Señor. La hermana Magda Hermida es una maestra excelente de la Palabra de Dios, apasionada con el Señor y su Iglesia; al leer este libro aprenderemos a ser partícipes del avivamiento que traerá nuestro amado Señor y Salvador."

- Miriam Witt

He conocido a Magda Hermida y a su esposo José, a fines del 1995. Puedo dar testimonio que desde el comienzo hasta el presente, he podido ver en Magda, toda una trayectoria de conquista en niveles espirituales cada vez mayores. Como lo expresa en su libro, abriendo su corazón y compartiendo sus experiencias, sin duda ayudará a muchos a descubrir verdades para crecer espiritualmente en sus vidas y ministerios.

- Paolo Bottari

«Si anhela que su vida sea realmente transformada y afirmar su crecimiento espiritual, este libro es para usted. A través del mismo la hermana Magda lo conducirá a obtener lo necesario para que esto le suceda, "la presencia de Dios".
Prepárese para transitar por estas páginas y experimentar un nuevo deseo por el fuego de Dios.»

- Pastor Juan José Faiura

CONTENIDO

Introducción..7

Sobre la Autora...13

Capítulo 1
Tiempos de Cambios..17

Capítulo 2
Divina Insatisfacción...33

Capítulo 3
El Fuego de la Pasión..47

Capítulo 4
Una Poderosa Llave del Reino: *El Silencio*............................59

Capítulo 5
Divina Paternidad..71

Capítulo 6
Fresca Unción..81

Capítulo 7
Deleite al Adorarlo..91

Capítulo 8
Vivir Conscientes de la Presencia de Dios..............................103

Notas..117

Introducción

A través de los años he descubierto que no importa lo que uno es, cuánto uno posee o cuánto conocimiento hayamos obtenido; si verdaderamente lo deseamos, podemos tener una íntima relación con el Señor. Esta preciosa y maravillosa comunión no es para unos pocos privilegiados, sino para todo aquel que lo desea.

Todos los días podemos experimentar una verdadera y deleitosa comunión con el Espíritu Santo, aprender de Él y vivir entonces, conscientes de su presencia en nosotros. Dado que existe una realidad imperiosa en el interior de toda persona y es que ¡Vive sediento!; también es cierto, que ciegamente procura apagar su sed en "fuentes engañosas"; para regresar luego por más de «esa agua».
¿Recuerda a aquella mujer samaritana a quien Jesús encontró y confrontó con su verdadera realidad interior junto al pozo de agua?[1] Y ¿cómo su humanidad le impedía reconocer a Aquel que estaba junto a ella, al «don de Dios»? Sin embargo, la *fuente de agua viva*, Jesús, pacientemente le reveló cuán equivocada estaba enfocada su vida al creer que su vacío espiritual (interior) podría ser saciado en fuentes de aguas estancadas, como lo son «esas aguas».

«*Cualquiera que bebiere de esa agua, volverá a tener sed...*»,[2] dijo el Maestro a esta mujer quien no se satisfizo con ninguno de sus esposos, dado que se encontraba bebiendo de otro. El punto concreto es que, en realidad no importa cuánto haya bebido de esa «agua», sino que una vez más quedaba sedienta. Porque *todo el que beba de esa agua, volverá a tener sed*; en otras palabras, la gran insatisfacción que experimenta toda la humanidad, jamás será saciada por nadie que no sea Cristo! Y la verdad es que por más que se inventen o aparezcan nuevas tendencias y/o alternativas, nada puede satisfacer ni puede responder efectivamente al clamor desesperado del espíritu del hombre.

Los hombres sin Cristo siempre «volverán a tener sed», por eso es que necesitamos tomar una decisión inmediata; ya! Y cambiar el orden establecido en nuestras vidas e ir determinadamente en busca de la fuente de agua Viva para ser saciados. Para no ceder más ante ninguna alternativa engañosa e inoperante, que sólo logra entretenernos para luego dejarnos sedientos otra vez.

Dios nos llama a vivir una vida plena, y para ello contamos con la intervención del Espíritu Santo quien desea alumbrar nuestro entendimiento para que examinemos nuestro caminar y eliminemos entonces, todas aquellas cosas que en nuestra vida producen estancamiento. En el reino de Dios su pueblo halla todo lo que necesita para vivir satisfecho, porque la fuente de agua Viva, es Cristo Jesús. Junto a su Espíritu quien nos anhela desesperadamente y desea que vivamos llenos de Él, conscientes de su persona.

Ahora, permítame compartir con usted, estas palabras inspiradas por el Espíritu de Dios que han estado palpitando en mi interior de manera constante, que bendecirán su vida:

- «*Mientras el hombre toma tronos para edificar sus propios reinos, Jesús toma una toalla para lavar los pies de los hombres*». (J. Doug Stringer)
- «*Como la cruz es el signo de sometimiento, entonces la toalla es el signo de servicio. Jesús tomó una toalla y una vasija y redefinió la grandeza*». (Richard Foster)
- «*Es lo que nosotros hacemos detrás de las puertas, donde nadie te ve (excepto Dios), lo que determina el poder de Dios...o la carencia de éste, en público*». (J. Doug Stringer)

El Espíritu Santo puede obrar tan poderosamente en la vida del hombre que puede convertirlo en la manifestación del poder de Dios...

Es interesante notar cómo la historia de Moisés puede dividirse en tres segmentos (etapas) de cuarenta años:

1. Pasó sus primeros cuarenta años en Egipto, junto a su familia de crianza; bajo la educación de los maestros de la corte egipcia.
2. Los otros cuarenta años los vivió en el desierto, en la "escuela de Dios". Allí se reveló Dios a su vida y comenzó su búsqueda constante de Aquel que lo estaba esculpiendo.
3. Y los últimos cuarenta años fueron vividos intensamente junto al pueblo hebreo en el desierto. Donde su entrega fue perfeccionada, experimentó la Gloria de Dios y su búsqueda de Dios se convirtió en su mayor prioridad.

Y Dwight L. Moody expresa así su punto de vista acerca de Moisés:

«*Pasó sus primeros cuarenta años <u>pensando que era alguien</u>. Luego pasó sus siguientes cuarenta años <u>pensando que no era nadie</u>. Pasó, por fin sus últimos cuarenta años <u>descubriendo lo que Dios puede hacer con un don nadie</u>*».

El relato de la vida de Moisés nos lleva a reflexionar y origina más de un interrogante en nuestro interior, como por ejemplo: ¿Qué vio Dios para mantener una relación tan cercana con él?, ¿Qué halló Dios en este hombre que le permitió hablar con Él cara a cara? ¡Del imperio egipcio a la cámara de la presencia del Rey! ¡De lo inmundo a lo santo! ¡De la oscuridad a la luz Admirable! ¡Del olvido a alguien privilegiado!

Comprendemos entonces que, la comunión "cara a cara" debe ser nuestro mayor objetivo y lo que debe mover nuestro corazón más y más cada día. Si estamos dispuestos a caminar hacia un encuentro verdadero y diario con el Señor, no sólo el Espíritu Santo nos guiará para lograrlo, sino que además nos enseñará cómo permanecer en Su presencia. Porque no solamente necesitamos experimentar Su presencia sino aprender a <u>no salir</u> de ella, aunque nos encontremos en medio de un mundo hostil. Hasta que nuestro espíritu quede anclado en el puerto de su Gloria aunque soplen vientos huracanados y haya amenaza de destrucción!

¡Vivir conscientes de la presencia de Dios nos provee descanso porque Él está con nosotros, y donde Él está; todo está bajo control!

¡Vivir conscientes de la presencia de Dios nos permite estar sumergidos en el río de su Espíritu, de manera que no sólo nosotros somos saciados sino que otros lo son al beber del agua que fluye de Él en nosotros para vida eterna!

¡Vivir conscientes de la presencia de Dios nos mantiene alineados con su Espíritu, a tal punto que ya no somos prontos para actuar, hablar o decidir; sino que esperamos en Él para ser dirigidos!

Y éste es el propósito que abrazo en mi corazón al escribir este libro, *rescatar lo que se ha perdido*: «El hambre desesperado por hallar Su presencia, por alcanzar y mantener una relación íntima con nuestro Amado Jesús».

¡Es posible! ¡Sólo levántese y sacúdase el polvo del estancamiento y corra hacia los brazos del Amado…!

¡Porque nadie que ha cruzado la línea de lo sobrenatural, a lo ilimitado; para conocer el rostro de Dios y lo ha logrado, ha podido vivir jamás lejos de Él…! ¡Ni ha quedado exento de una metamorfosis! ¡Atrévase a buscarlo ahora mismo…! ¡Él está esperando por usted para cautivarlo con su Presencia!

Reconocimientos

A mi querido esposo José y a mi preciosa hija Marilyn, que son los dos amores de mi vida.
A mi familia en Cristo, por su amor y gran apoyo.
Y a la pastora Graciela Faiura por sus horas de trabajo y por su colaboración en este libro.

Sobre la Autora

Magda Hermida es nacida en la Habana, Cuba, graduada de maestra, en Administración de Empresas y en Pedagogía en la Universidad de la Habana. Ha tomado diferentes cursos en el seminario INSTE de Miami, Florida. Auspiciado por el pastor José M. Vera.

Por muchos años sirvió al Señor en las diferentes áreas del ministerio, tales como maestra de niños, de jóvenes y adultos, organizando retiros, a cargo de la tesorería, líder de damas y otros cargos más.

Dinámica conferencista y maestra de la Palabra de Dios por más de 20 años, con un mensaje de sanidad y restauración, fluyendo en los dones del Espíritu Santo. Anfitriona del programa de televisión llamado «Diles» ahora «Mujeres con Poder» en Trinity Broadcasting Network (TBN) por más de 13 años, el cual se graba en la ciudad de Houston y se transmite desde Costa Rica a más de 56 países y en diferentes estados ;entre ellos América Central, América del Sur, España, Puerto Rico, Estados Unidos y otros. Este programa ministra y es dirigido a las mujeres.

Invitada nacional e internacionalmente por numerosas iglesias para enseñar la Palabra de Dios, y ministrar al liderazgo. Autora de muchos artículos publicados en revistas cristianas. Anfitriona por más de 13 años del programa radial cristiano llamado «Mujeres con Poder», el cual se transmite en varias radios hispanas, en el área de Houston.

Conductora del programa radial «Nada es imposible para Dios» que se transmitía en la ciudad de Miami.

Fundadora del ministerio «Magda Hermida Ministries» que abarca las siguientes áreas:

- Programas Radiales
- Programas de Televisión
- Conferencias y Eventos
- Apoya misioneros y pastores
- Consejería a mujeres y matrimonios
- Acepta invitaciones para predicar en iglesias

Capítulo 1

Tiempos de Cambios

*«Porque como desciende de los cielos la lluvia y la nieve, y no vuelve allá, sino que riega la tierra, y la hace germinar y producir, y da semilla al que siembra, y pan al que come, así será mi palabra que sale de mi boca; no volverá a mí vacía, sino que hará lo que yo quiero, y será prosperada en aquello para que la envié».*₁

Vivimos tiempos de transición, de inseguridad, de desenfreno, de indiferencia, de rebeldía; y la crisis se ha convertido en un «estado de vida» para el ser humano; afectando su familia, sus sueños y todo aquello que creía seguro o al menos tener bajo control. Pero también es cierto, que como nunca antes, éste tiempo se ha convertido en una oportunidad maravillosa para ayudar a todos aquellos que necesitan un cambio de vida, esperanza y la restauración de todas las cosas.

Nuestras capacidades pueden ser útiles, pero a la hora de ser eficaces, aún toda buena intención es inoperante, limitada. Pues necesitamos de la unción de Dios para que los corazones endurecidos sean quebrantados, para que las cadenas de opresión se rompan; como lo establece la Palabra cuando dice: *"Acontecerá en aquel tiempo que su carga será quitada de tu hombro, y su yugo de tu cerviz, y el yugo se pudrirá a causa de la unción».*₂

La vida de un hombre muy singular se convirtió en el instrumento de salvación para muchos, estoy hablando de Moisés. Quien huyó al desierto. Pues a partir de allí comenzaría una nueva etapa de quebranto y de preparación a causa del propósito divino para su vida. Quedó solo, alejado de todos aquellos que le brindaron amor por tantos años en su lugar de crianza, en el palacio de Egipto. Allí aprendería todas y cada una de las lecciones que comprenden la soberanía de

En el desierto Dios trata con nuestro carácter y lo desarrolla. Nuestro orgullo es aniquilado como trapo de inmundicia y aprendemos a ser humildes.

Dios, en la «Escuela del Desierto». Moisés necesitaba ser vaciado de los recuerdos de Egipto, de sus costumbres, aún de sus afectos; para poder ser lleno de Dios. Tenía que romper con su pasado y transitar hacia un nuevo comienzo donde el Señor sería su guía. Y el desierto fue la plataforma para su lanzamiento.

Quizás usted, ahora mismo se encuentra atravesando por un desierto que le resulta agonizante. La sequedad, el calor de la prueba, el silencio, la soledad, las carencias de muchas cosas; son los elementos que al Alfarero le han atraído para utilizarlos en nuestra transformación. Algunas personas pasan por esta «Escuela» sólo tres meses, otros más tiempo; pero Moisés permaneció en ella por cuarenta años. Y la soledad como uno de los momentos más difíciles que podemos experimentar, terminó siendo la herramienta más útil para conocerse a sí mismo y a Aquel que lo llamó. Cuántas veces nos hallamos rodeados de tantas personas pero solos en el corazón. Allí es cuando se presenta el momento propicio para comenzar e incrementar nuestra relación con Dios.

Y la palabra hebrea para «desierto» es *midbaar*, que significa «**hablar**». Pues es en el lugar menos indicado y menos grato para nosotros, que aprendemos a buscar a Dios y a hablar con Él. Allí reconocemos la necesidad de rendirnos ante Aquel que todo lo sabe y puede. Convirtiéndose todo sequedal en momentos de refrigerio a causa de la intensa búsqueda por hallar Su presencia. Es en el desierto donde Dios trata con nuestro carácter. El desierto es el lugar de preparación, de despojo, de muerte al yo; a nuestros derechos y pecados. Es allí donde somos formados, purificados y fortalecidos en Él. Nuestro orgullo es aniquilado como trapo de inmundicia y aprendemos a ser humildes.

Entonces, ¿Qué es el desierto?
- Un lugar donde Dios trabaja con nuestro carácter.
- Un lugar donde aprendemos a confiar y a obedecerle a Dios.
- Un lugar de prueba, donde se pone de manifiesto todo lo

que hay en nuestro corazón.
- Un lugar donde la fe es fortalecida, crece.
- Un lugar donde se consolida nuestra relación con Él.

«*Y te acordarás por todo el camino que te ha traído Jehová tu Dios estos cuarenta años en el desierto, para afligirte, para probarte, para saber lo que había en tu corazón, si habías de guardar o no sus mandamientos. Y te afligió y te hizo tener hambre, y te sustentó con maná, con comida que no conocías tú, ni tus padres la habían conocido, para hacerte saber que no sólo de pan vivirá el hombre, mas de todo lo que sale de la boca de Jehová vivará el hombre*»₃, así habló Dios a su pueblo haciendo memoria de aquellos días donde su fidelidad fue absoluta; quedando bien establecido quién estaba en control de todas las cosas, y las consecuencias que vivirían dependiendo su elección por la obediencia o por la rebeldía.

¿Sabe? Es sólo en el desierto que conoceremos si estamos listos para confiar en Dios y rendirnos a Él. El pueblo de Israel tuvo hambre y el Señor les envió «maná» (pan del cielo), y comieron hasta llenarse; pero luego pidieron más…! Porque el «maná» solo satisfacía su necesidad física pero no las carencias de su alma!
¿Sabía usted que…?

En el desierto conocemos si estamos listos para confiar en Dios y rendirnos a Él

- Dios puede y quiere suplir nuestras necesidades, pero su mayor interés está enfocado en nuestra obediencia y en la edificación de nuestro carácter; más que en nuestra comodidad.
- A través de las circunstancias, al conocer su Palabra, Dios nos permitirá decidir entre obedecerle o no.
- En ciertos desiertos tendremos encuentros con el enemigo, no con el fin de ser derribados sino con el propósito de que tomemos nuestro lugar de autoridad en Cristo, y aprendamos a resistirlo con el poder de la Palabra, persuadidos que venceremos y seremos fortalecidos espiritualmente.
- En el desierto aprendemos quienes somos y quien es Dios.

Verdades necesarias de conocer para emprender nuevos desafíos divinos y naturales con resultados maravillosos.

• En el desierto comprobamos la bendición que se desata a nuestro favor cuando existe una actitud correcta de nuestra parte para con Él, como nuestra autoridad máxima y primera, como también con las terrenales.

• Recibimos allí, la visión clara del llamado de Dios y nos despojamos de toda competencia, celo o envidia y aprendemos a no usurpar.

• Aprendemos a escuchar a Dios. Conoceremos que no es tan importante la urgencia que tengamos por hacer, como la de escuchar lo que nos dará dirección y fortaleza.

• El desierto muchas veces se transforma en la cita divina con Aquel que nos llama para servirle. Pues el llamado nos provee de propósito, visión y nos equipa a través de la formación.

La confianza en Dios es consecuencia de la seguridad que experimentamos a través de una relación diaria y constante con Él.

Relación no Religión

«*Y esta es la confianza que tenemos en él, que si pedimos alguna cosa conforme a su voluntad, él nos oye. Y si sabemos que él nos oye en cualquiera cosa que pidamos, sabemos que tenemos las peticiones que le hayamos hecho*».₄ En otras palabras, la confianza en Dios es consecuencia de la seguridad que experimentamos a través de una relación diaria y constante con Él. El apóstol Pablo lo dijo así: «*Por lo cual asimismo padezco esto; pero no me avergüenzo, porque yo sé a quién he creído, y estoy seguro que es poderoso para guardar mi depósito para aquel día*».₅ El no dice «*yo sé en qué he creído*» sino «*porque yo sé a quién he creído*», porque conocía a Aquel que le impartía la Verdad; a la persona de Jesucristo. Y aunque había perdido todas sus posesiones materiales, no perdió su fe. Confió en que Dios lo usaría sin importar las circunstancias. Su conocimiento de Aquel que lo llamó producía en él una convicción inquebrantable donde la duda o la incredulidad no tenían lugar donde habitar.

Así sucede cuando un hombre y una mujer deciden casarse y hacen un juramento delante de un ministro, estableciendo a partir de ese momento; una relación de esposos. Y aunque ellos no hablen entre sí una palabra, ellos son conocidos como un matrimonio! Aunque esto no significa que ellos se conozcan totalmente. Lo mismo ocurre con todas las personas que hemos nacido de nuevo por medio de la fe en el Hijo de Dios; estableciéndose a través de Jesucristo un pacto (una unidad inseparable) con Dios; aunque no todos tengan compañerismo, relación y comunicación con Él.

Nuestra existencia en el mundo tiene un propósito divino

«La fe crece al conocer íntimamente la persona de Jesucristo»

¿Y cómo logramos esta relación? Algunos piensan que es a través de conocer de memoria las Escrituras, otros a través del conocimiento que proveen los estudios teológicos. Y aunque capacitarse es bueno, no es suficiente. Porque no se trata de conocer sólo sobre el autor de la Palabra viva, sino a Él. Tratar de aplicar la Verdad sin el compañerismo de Jesús, sin la presencia del Espíritu Santo; producirá que nuestras oraciones sean secas y vacías, carentes de poder. Es el Espíritu de Dios quien da vida a la Palabra. Él es la persona y el poder que opera sobre la Palabra para revelarnos las verdades y los secretos divinos para afectar nuestras vidas poderosamente.

Cautivados por su Presencia

Nuestra existencia en el mundo tiene un propósito divino. Y se llevará a cabo si nos alineamos con Él. Como ocurrió con la vida de Moisés, quien a pesar de las dificultades y de su aparente fracaso; Dios lo llamó, lo levantó, lo preparó y lo envió transformándose en el *medio* (un puente) a través del cual «el cielo se manifestó a los hombres». Moisés nació en tiempo de esclavitud. Como hebreo de la tribu de Leví, creció y fue criado en la corte del Faraón; teniendo acceso a todo el conocimiento de los movimientos y vida de los egipcios. Fue educado en la mejor universidad del más grande imperio de aquella época. Se convirtió en el hijo adoptivo del mismo rey y disfrutó de todos los privilegios, poseyendo todas las ventajas posibles para conquistar lo que deseara. Pero cuando alcanzó la mayoría de edad, Dios le habló y supo que su tiempo entre los egipcios había culminado, pues el llamado divino comenzó a manifestarse sobre quien se convertiría en el libertador de su propio pueblo hebreo. Sus ojos espirituales fueron abiertos, de manera que comenzó a notar las injusticias hacia los esclavos, el pueblo de Dios. El asesinato que cometió al hacer justicia por su propia fuerza le costó su exilio al desierto. Allí en la tierra de Madián pastoreó ovejas durante cuarenta años. De príncipe Egipcio se convirtió en pastor de ovejas.

Dios llamó la atención de Moisés a través de una zarza ardiendo sin consumirse

¿Cuántas preguntas se habrá hecho este gran líder egipcio? ¿De qué le serviría tanto conocimiento en el desierto? ¿Hacia dónde se dirigía este reconocido y respetado príncipe? Todas y cada una de las preguntas que subieron al corazón de Moisés, fueron respondidas al ser guiado por la mano poderosa de Dios hacia el propósito eterno predestinado para él. ¡Qué desigualdad de experiencias en la vida de este joven príncipe egipcio, ante su realidad como pastor madianita! Como príncipe todos le servían, era famoso, tenía poder, ejercía su autoridad y daba órdenes. Como pastor, todo lo tuvo que hacer él, vivía como un extranjero desconocido y sus órdenes ahora sólo se remitían al rebaño de ovejas al cual cuidaba.

Estoy segura que él ignoraba que estaba siendo pulido, tratado bajo un intenso y riguroso proceso de transformación al nivel del llamado que aún desconocía. E ignorando que todos y cada uno de los años que él vivió en el desierto, en medio del pueblo de Dios, también se convirtieron en la divina información y preparación que Moisés necesitaba como líder poseer, para el tiempo de la liberación y del éxodo hacia la tierra prometida (la tierra de Canaán).

Y cuando creyó que todo continuaría tranquilo, sin alteraciones o acontecimientos demasiado importantes; Dios llamó su atención a través de una zarza ardiendo sin consumirse. La Gloria del Todopoderoso se estaba revelando y sellando en el espíritu del hombre, a quien el Señor comisionaría a manifestar su poder y autoridad. Moisés al experimentar un encuentro con el Hacedor fue mudado en otro hombre, donde su vida fue ligada a una relación estrecha de amor, obediencia y respeto hacia Dios, a través de su entrega incondicional.

Si bien Moisés vivió momentos inciertos y transitó caminos difíciles, estoy segura que dentro de sí estaba a la espera de algo más! De algo nuevo. Su expectativa no pudo opacarse a pesar del trato divino; al contrario, despertó su inquietud para estar listo a lo sobrenatural.

Su Presencia hace la Diferencia

¿Recuerda, el informe que suministraron al pueblo de Dios aquéllos diez espías (de los doce) que fueron comisionados a comprobar las bendiciones que habían sido preparadas en la tierra que habrían de poseer?$_6$. Ciertamente, los diez espías comprobaron y compartieron acerca de las bendiciones prometidas por Dios; pero también, añadieron al reporte su observación (de acuerdo a lo que pensaron y creyeron) con palabras negativas, cargadas de incredulidad. ¡Vieron a los gigantes y no a Dios! El obstáculo en su visión les impidió ver el respaldo incondicional del Señor. Sin embargo, Caleb y Josué (los otros dos espías) tuvieron una percepción diferente de la misma situación. Su visión de fe no les impidió ver a los gigantes; por el contrario, más se enfocaron en las grandezas de Dios quien los había enviado a poseerla! Los diez espías dijeron «no podemos», los otros dos dijeron «más podremos nosotros que ellos». Unos se enfocaron en las dificultades y los otros dos en las bendiciones. La incredulidad contagió al resto del pueblo, remarcando los obstáculos, a diferencia de la fe de estos hombres quienes sólo veían las oportunidades.

Hambre de Dios

La actitud correcta marcó la diferencia al optar por la obediencia. Por ejemplo, la búsqueda de Caleb: su hambre por conocer más a Dios producía un deseo desmedido por no apartarse del tabernáculo (la casa de Dios). El no sólo había oído de las Escrituras sino que experimentaba la presencia de Dios. Produciendo en él un espíritu diferente: «*Pero a mi siervo Caleb, por cuanto hubo en él otro espíritu, y decidió ir en pos de mí, yo le meteré en la tierra donde entró, y su descendencia la tendrá en posesión*».$_7$ Y en cuanto a Josué: la Palabra nos cuenta que él fue un líder de fe, su testimonio de vida y consagración no sólo le concedió una buena reputación delante del Señor y del pueblo de Israel, sino que fue el sucesor nada más ni nada menos que de Moisés; en la comisión de introducir a las nuevas generaciones en la tierra prometida. Así lo relata la Escritura: «*Vosotros a la verdad no entraréis en la tierra, por la cual alcé mi mano y juré que os haría habitar en ella; exceptuando a Caleb hijo de Jefone, y a Josué hijo de Nun*»$_8$; estableciendo aquí la exclusión de ambos en su juicio, debido a su fe y fidelidad.

Cuando una persona tiene realmente hambre y sed de Dios, de lo más profundo de su espíritu comienza a clamar a Dios hasta que es saciado, hasta que desaparezca dicho malestar. No sabemos cómo expresar lo que nos pasa, pero sí comprendemos que ésta gran necesidad, carencia de la cercanía de la persona de Dios, se vuelve una insatisfacción espiritual que nos lleva a Él. El hambre espiritual produce más hambre mientras más lo buscamos; convirtiéndose en una permanente necesidad que sólo se puede aplacar cada vez que somos saturados de Él. Así lo describe el salmista David: «*Como el siervo brama por las corrientes de las aguas, así clama por ti, oh Dios, el alma mía. Mi alma tiene sed de Dios, del Dios vivo...*»; $_9$ declarando aquí su gran necesidad de vivir dependiendo de Dios, como el siervo del agua para vivir. Su determinada búsqueda tenía como fin, la restauración de su relación con Él porque sabía que su vida dependía de ello.

Una de las razones por la que el Señor nos insta a acercarnos (a intimar de corazón a corazón) con Él, es para que se produzca nuestra mudanza a la vida de Cristo. Es durante este largo peregrinar hacia Él, que todas y cada una

Como el siervo brama por las corrientes de las aguas, así clama por ti, oh Dios, el alma mía.

de las huellas que marcaron negativamente nuestra vida; serán borradas, sanadas y cambiadas a fin de convertirnos en hombres y mujeres nuevos, con un espíritu diferente, con un espíritu superior!

¿Qué Busca Dios en el Hombre?

¡Una actitud diferente! Nuestro carácter determina nuestra conducta, dado que lo que somos está determinado con lo que hacemos. Por esto las Escrituras exponen a través de las «Bienaventuranzas»$_{10}$ las actitudes que deben ser parte de nuestra vida como hijos de Dios. Y en esta oportunidad quiero destacar una cualidad en particular: *«Los pobres de espíritu»*. Son quienes reconocen que en sí mismo no tienen la solvencia moral para ajustarse a los requerimientos de Dios. Se dan cuenta de que por más sinceros que quieran ser para con Dios, no logran agradarlo acatando sus demandas. Cuando comparan su carácter con el de Jesús, se juzgan a sí mismos confesando su debilidad, diciendo: «*¡Señor, yo no puedo ser como tú eres...!*»; lloran por su pecado y se lamentan por no ser mejores personas para agradar a su Señor. Y es allí cuando reciben consolación porque el mismo Señor manifiesta su gracia por amor: «*Yo habito en la altura y en la santidad, y con el quebrantado y humilde de espíritu, para hacer vivir el espíritu de los humildes, y para vivificar el corazón de los quebrantados*»$._{11}$ Nos es tan necesario comprender que, sea que nos encontremos en medio de un desierto o en nuestro diario vivir, Dios siempre nos observa para examinar nuestro corazón; y así lo expresa Él: «*Porque los ojos de Jehová contemplan toda la tierra, para mostrar su poder a favor de los que tienen corazón perfecto para con él*»$._{12}$ Es que a veces vivimos de tal manera, como si el Señor no nos observara minuto a minuto. Porque atento Él está a cada uno de nosotros para que caminemos en obediencia a su Palabra, que vivamos vidas santas y comprometidas con sus propósitos. Desarrollar un corazón de siervo en nosotros, debería ser uno de los objetivos más importantes para ser usados en plenitud. Porque de no ser así, cuando se nos comisione alguna tarea, en vez de servir con humildad y obediencia; nos enseñorearemos de la situación.

Dios siempre nos observa para examinar nuestro corazón

Atraída con lazos de Amor...

«Cuando recuerdo mis primeros años de vida, solo tengo en mi mente la imagen de una niña muy triste, callada, introvertida; sin la habilidad de tener amigas de la misma edad, con mucha dificultad para comunicarme con ellas. Despertaba en la mañana siendo muy pequeña, con las peleas de mis padres, y con un miedo aterrador dentro de mí; sin comprender qué sucedía entre ellos. Éramos tres hermanos, Jorge era el mayor, le seguía Lourdes y luego yo. Cuando nací mis padres recibieron la amarga noticia a través de los doctores, de que yo no viviría muchos años. ¡Pero el milagro ocurrió! A causa de la entrega y del amor de mi querida madre por el Señor, ella creyó e intercedió; y la gloria se manifestó. Durante mi crecimiento fui formada con un amor muy grande hacia Dios, pues la influencia de mi mamá hizo que éste amor fuera creciendo muy profundamente en mi corazón.

Ella fue todo para mis hermanos y para mí. Su amor era tan especial, que a causa de su ternura no le era necesario hablarnos para que pudiéramos sentir el calor de su presencia entre nosotros. No recuerdo nada que pudiera disfrutar más que el quedarme en casa con ella un día que no tuviera clases. Mi papá trabajaba mucho, y siempre llegaba muy tarde a casa porque luego del trabajo daba clases en la Escuela de Comercio. Él poseía un carácter muy fuerte y esto daba lugar a que siempre hubiera discusiones con mi mamá y con mis hermanos mayores. Escuchaba todo, y aunque siempre me tapaba los oídos para no oír las cosas que él decía, me atormentaba la posibilidad de que mi papá fuera a golpear a mi mamá.

Admiro de ella, la entrega y la dedicación con la que siempre nos atendía aún luego de terminar una gran discusión con mi padre. Al levantarnos, nos preparaba el desayuno y todo lo que necesitábamos para nuestro día escolar, con una sonrisa en sus labios. Creyendo quizás, que nada habíamos oído sobre las palabras amargas que horas antes tuvo que soportar. Siendo yo muy joven, mi mamá enfermó y fue hospitalizada por más de un año. Terminé mi último año para graduarme de Maestra, estudiando al lado de mi mamá; hasta que falleció. No tengo palabras para explicar la soledad, la tristeza y el dolor que sentí por su pérdida. La ausencia de su persona entre nosotros fue tan notable, que mi papá luego del funeral comenzó a llegar a casa más temprano. Él me compartió desde el luto de su corazón, que reconocía la grandeza y la nobleza que poseyó la mujer que tuvo por compañera por tantos años.

Sinceramente, muchas veces le he preguntado al Señor:

« ¿Por qué las personas tienen que esperar a perder lo que siempre han tenido a su lado, para darse cuenta de cuánto valen?

¿Por qué las personas tienen que esperar a perder lo que siempre han tenido a su lado, para darse cuenta de cuánto valen?

Por la ausencia de mi madre, una transformación en la vida de mi padre ocurrió para conmigo,

de manera que compartíamos mucho tiempo juntos y pudimos acercarnos más. Dado que sólo yo, de los tres hijos, estaba viviendo con él en mi casa. Pero a pesar de esto, mi vida se encontraba muy vacía y seca, porque desconocía aún que Dios tenía planes para conmigo. Me encontré por mucho tiempo como en un desierto, completamente sola y angustiada en mi interior.

Recuerdo que gracias a una amiga mía, llamada Mirta Balado, es como fui invitada a asistir a su iglesia, dado que tenían para esos días la presencia de un evangelista muy conocido. Por supuesto, *aproveché a extender esta invitación a mi novio José, quien hoy es mi esposo, y juntos no sólo asistimos aquel día; sino que además ambos recibimos a Jesús como nuestro Señor y Salvador. Esa fue la decisión más extraordinaria que he tomado en mi vida, pues todo mi ser tomó un giro totalmente distinto. Luego nos casamos y junto a Marilyn (mi hija nacida de una relación anterior), el Señor nos dio la dicha de formar una familia en Él con el propósito de dar a conocer el poder de su amor y de su gracia.»*

Realmente, es muy difícil poner en orden nuestros pensamientos y circunstancias cuando existe tanto dolor y todo parece sombrío. Quizás usted, quien tiene en sus manos este libro, se encuentra en estos momentos pensando, como estuve yo tiempo atrás; diciendo: «*estoy en un profundo pozo, sin salida, en un gran desierto donde la esperanza no existe...*». Sin embargo, sepa que Dios está allí donde usted está. Él se encuentra tan cerca de usted, que si se atreve, con sólo extender su mano, lo puede tocar!

La Hermosura del Desierto

Pasamos por momentos cuando todo parece estar en contra nuestra, que no hay solución al problema, y es justamente cuando más cerca está Dios de nosotros. Por esto le digo hoy: ¡No se rinda!, porque así como el Señor extendió su brazo fuerte para sacar a José del pozo de la muerte, así Él obrará con cada uno de sus hijos: «*¿Acaso se ha cortado la mano de Jehová? Ahora verás si se cumple mi palabra, o no. He aquí que no se ha cortado la mano de Jehová para salvar, ni se ha agravado su oído para oír*».[13] ¡Ánimo, la mano de Dios no se ha acortado, pues Él está de su parte!

José, en la plenitud de sus diecisiete años fue producto del rechazo y la venganza de sus hermanos mayores. Como resultado, el celo de éstos a causa de la gracia de Dios sobre su vida,

¡Ánimo, la mano de Dios no se ha acortado, pues Él está de su parte!

casi le costó la vida. Pero la providencia Divina, se valió de un pozo para salvarlo de la muerte. ¿Cómo se sentiría José en aquella cisterna oscura, solo, raptado y alejado de sus padres; expuesto a morir?

Sin embargo, una vez más, la soberanía Divina provocó que lo compraran como esclavo para enviarlo a Egipto. Porque allí experimentaría diariamente, la inigualable mano de Dios sobre su vida. También bebió el trago amargo del sufrimiento, la soledad, las falsas acusaciones; pero se mantuvo fiel a Dios, y Dios no lo olvidó. Todas y cada una de las circunstancias difíciles e incómodas que tuvo que experimentar, fueron el instrumento para afinar y purificar el corazón de este gran soñador. La gracia sobre su vida se debió a la dependencia absoluta y plena a Dios de quien sus padres le testificaron; quien ahora se había transformado en parte esencial de su vivir. Por supuesto que aquellos años fueron duros, pero también se transformaron en la oportunidad para que él sea restaurado y convertido en el hombre que, soberanamente, había sido destinado que fuese.

Trece fueron los años que vivió como esclavo y al término de este tiempo, Dios lo sacó de la cárcel para ser ascendido como gobernador de Egipto. De esclavo a gobernador! Pero junto a este ascenso vino la prueba de fuego, una de las razones divinas por la que por tantos años había sido preparado: «*perdonar a aquéllos que le privaron del amor de sus padres, del bienestar de su hogar y del derecho de hijo... a sus hermanos*». La palabra de Dios nos relata el proceso duro e intenso que atravesó José en su restauración, recibiendo sus dos hijos por nombre el sello de cada etapa de su sanidad: *Manasés* «Dios me hizo olvidar todo mi trabajo, y toda la casa de mi padre», y *Efraín* «Dios me hizo fructificar en la tierra de mi aflicción». Esta maravillosa historia culmina con la restauración de toda una familia, porque alguien se mantuvo confiando en Dios a pesar de su dolor; y pagó el precio de la obediencia.

Acerquémonos confiadamente...

Intentar vivir sin la intervención de Dios en nuestra

vida, es tan descabellado como intentar encender el auto sin la llave correspondiente. Podrá quizás conectar algunos cables y lograr su arranque, pero cada vez que apague el motor; tendrá que reiterar esa operación para encenderlo. Así ocurre muchas veces con los hijos de Dios; sus fuerzas son abastecidas por métodos, palabras, pensamientos, actitudes y/o costumbres de fuentes equivocadas que motivan su vida interior hasta que todo se agota, aparece la desesperación y regresan por más!

Me pregunto… ¿Por qué vivir en contra de lo ya establecido? ¿Por qué no transitamos por los caminos que ya Dios ha trazado para llegar a Él? No lo hacemos porque… ¿Sentimos miedo ante un Dios desconocido o es que no deseamos darnos a conocer verdaderamente como somos? Sinceramente, me inclino a creer que *evitamos y ocultamos* a Dios nuestra desnudez. Porque es más fácil mantener con Él, como con los demás, una relación con limitaciones, carente de sinceridad, abstracta y sin riesgos ocultando la razón que nos lleva a comportarnos así; el temor al rechazo, a vivir la incomprensión o a ser ridiculizados.

¡Pero con Dios no es así! A través de nuestro espíritu podemos acercarnos a Él, porque allí es donde habita nuestro Señor; y Cristo es el «puente», «la puerta» que nos une con el cielo y nos trae el cielo hacia nosotros. Cada vez que nos volvemos a nuestro espíritu, a través de la puerta, llegamos al trono de la gracia (a Dios). Su misericordia y su favor están siempre disponibles para cada uno de sus hijos; de esta manera lo expresa su Palabra: «*Así que acerquémonos confiadamente al trono de la gracia para recibir misericordia y hallar la gracia que nos ayude en el momento que más la necesitamos*».[14] Confiadamente es la palabra que se traduce como «confianza», en otras palabras significa: *que debemos presentarnos ante nuestro Padre Celestial con seguridad, con la libertad que como hijos suyos tenemos para hacerlo*».

Quizás la causa que nos impide acercarnos, sinceramente, se debe a las malas experiencias vividas con otras relaciones; como con nuestros padres, familiares, amigos u otros que nos han marcado tan negativamente que sin percibirlo, se ha convertido en la gran piedra que nos impide llegar a Dios con libertad. Por esto, es que necesitamos poner de nuestra parte para alcanzar la verdadera plenitud en nuestras vidas y dejar de engañarnos y de conformarnos con las migajas que nos ofrece el mundo. Usted no sólo es hijo/a, sino que debe vivir como tal. El Señor ha conquistado en la cruz del Calvario una relación de amor, plena; donde la confianza que Él nos inspira, nos persuade y nos convierte en personas resueltas, restauradas para vivir diariamente, todo lo que somos ante Aquel que todo lo conoce.

El temor que nos impide comunicarnos libremente es anulado ante el poder de Su amor. Porque en Su presencia somos alentados a encomendar francamente, todo lo que somos, necesitamos, soñamos, sufrimos, deseamos y también; todo aquello que necesita ser removido.

Usted no sólo es hijo/a, sino que debe vivir como tal

Un cambio total en su vida puede producir su acercamiento franco y verdadero hacia Dios. Lo animo a no resistir la invitación que el Espíritu Santo está provocando en su interior. Nada puede compararse con la experiencia de ser abrazado por Su presencia. ¡Nada puede cautivar más el corazón del hombre que la manifestación de Su amor aún cuando no la merecemos!

Capítulo 2

Divina Insatisfacción

«Dios, Dios mío eres tú; de madrugada te buscaré; mi alma tiene sed de ti, mi carne te anhela, en tierra seca y árida donde no hay aguas, para ver tu poder y tu gloria, así como te he mirado en el santuario.» [1]

La insatisfacción puede llevarnos a buscar en lugares no convenientes o a aceptar lo que se presente con tal de callar ese gran desespero. Acostumbrados a lo instantáneo, creemos que con Dios todo también es así. Sin embargo, conocemos que no todo lo inmediato (rápido) es provechoso, aunque pueda favorecernos en el trajín diario; también nos impide recibir los beneficios que proporciona todo aquello que lleva tiempo en su elaboración.

¿Se ha sentido usted alguna vez insatisfecho? Seguramente que sí. ¿Y cómo ha respondido ante este malestar interior? ¿Se ha dejado engañar con alguna alternativa rápida y a la mano o se ocupó por alcanzar el objetivo que satisficiera ese vacío? Tener

La insatisfacción puede llevarnos a buscar en lugares no convenientes a aceptar lo que se presente con tal de callar ese gran desespero.

hambre por Dios, es mucho más que desear estar con Él, vivir para Él, etc. Es tener como única meta (propósito) cada día, saborear el disfrute de la comunión íntima y estrecha con el Espíritu Santo. Reconociendo cada día que ésta desesperación interior que palpita como un gran abismo espiritual sólo puede ser satisfecha por la persona de Cristo.

Por lo general, nos ocurre que ignoramos cuán insatisfechos

vivimos hasta que conocemos lo que sí puede saciarnos. Nos permitimos vivir cada día con ese «disgusto" o «descontento" interior que clama por ser saciado y que intentamos mantenerlo oculto o callado ocupados en otras cosas. Todo hijo e hija de Dios posee la oportunidad de recibir a través de la Palabra de Dios, la verdad de todas las cosas por el Espíritu Santo para creerla y obedecerla. Así lo describen las Escrituras cuando nos dice: «*Pero la unción que vosotros recibisteis de él permanece en vosotros, y no tenéis necesidad de que nadie os enseñe; así como la unción misma os enseña todas las cosas, y es verdadera, y no es mentira, según ella os ha enseñado, permaneced en él*».₂

Ahora bien, podemos amar la Palabra de Dios y sin embargo, estar ciegos en cuanto a nuestra realidad interior. Me refiero a hábitos, deseos, maquinaciones e intenciones. La Palabra y el Espíritu de Dios son el medio por el cual, no solamente, conoceremos todo aquello que debemos abandonar porque es pecado sino que además exponen las verdaderas intenciones de nuestro corazón; y bajo qué gobierno se encuentra. Por esto el mismo Señor nos muestra el camino para conocer todo aquello que se encuentra escrito o grabado en las tablas de nuestro corazón, con respecto a lo que palpita en Su corazón: «*Clama a mí, y yo te responderé, y te enseñaré cosas grandes y ocultas que tú no conoces*«.₃ El hombre no puede superarse así mismo si primero no se conoce tal como es! «*Clama...te responderé*», «*te enseñaré...que tú no conoces*» es el consejo, la invitación de Dios para todo hombre y mujer que desee y necesite un cambio radical en su vida.

El todo de una persona no es lo que muchos pueden ver, si es lo que palpita dentro de su alma.

La palabra *clamar* significa «*llamar a alguien, exclamar, gritar, proclamar*», en otras palabras el Señor se comprometió en su Palabra no sólo a responder cuando lo llamamos sino que además nos revelará aquellas cosas *grandes* y *ocultas* que sólo pueden conocerse a través de Él. La palabra *oculta*, del hebreo batsar se traduce como «*aislado*» o «*inaccesible*»; esto nos da la idea de que recibiremos *un conocimiento sobrenatural* sobre todas aquellas situaciones realidades donde el razonamiento humano no puede ingresar.

El todo de una persona no es lo que muchos pueden ver, sí es lo que palpita dentro de su alma quien expresa sólo algunas facetas a través de sus acciones. Por esto, es que usted y yo podemos pasarnos la vida creyendo, hablando y hasta contagiando a otros por nuestra fe en lo que el Hijo de Dios es, hizo, hace y hará sin jamás haber probado la experiencia maravillosa que puede sellar nuestro espíritu al acercarnos hambrientos a Él. Quizás alguien haya probado alguna vez esta maravillosa experiencia espiritual con Dios y pueda hablar de ello. Pero hoy, ¿qué es lo que nos pasa? ¿Por qué permitimos que la mediocridad esté instalada en nosotros?

> *«Toda persona debe ser suficientemente grande*
> *como para admitir sus errores,*
> *suficientemente inteligente como para aprovecharlos, y*
> *suficientemente fuerte para corregirlos»*

Tomar tiempo para leer la Palabra, es bueno y necesario. No está bien hacerlo (creo yo) sin la actitud correcta, es decir sin interés; para que a través de ella Dios nos hable. Como compartí en el capítulo anterior, un matrimonio está unido a través de la ley terrenal y espiritual (si desean la bendición de Dios) pero sólo dicha unión es consumada en el acto de la intimidad matrimonial. La plenitud de una pareja de casados es llevada a cabo en la relación sexual. Comienzan siendo dos personas desconocidas que son atraídas entre sí y comienzan a relacionarse para tener conocimiento uno del otro (a través de lo que piensan, son, hacen y desean en la vida). Luego, seguramente, planificarán el momento donde se unirán para siempre. Pero hasta allí sólo son dos personas independientes que se aman y que a través de diferentes preparativos son conducidos al propósito esperado: el día del pacto matrimonial.

Un matrimonio está unido a través de la ley terrenal y espiritual

Espiritualmente, experimentamos algo similar. El hecho de estar unidos a Dios por medio de la sangre de Jesucristo no significa aún que lo conozcamos a Él plenamente, ni que ésta unidad de pacto espiritual se haya consumado. Pues, la intimidad con Dios es la que sella ésta unidad, lo que nos falta. Permitiendo que el maravilloso Espíritu Santo a través de nuestra entrega, nos revele qué áreas de nuestra vida pueden entorpecer nuestra comunión con Él. Y para esto es necesario separar, apartar un tiempo especialmente dedicado para compartir lo que pensamos, sentimos, nos sucede, lo que nos lastima; y lo que Él quiere decirnos. Porque así como en lo natural un matrimonio desarrolla su tiempo de intimidad en un lugar y tiempo propicio, así ocurre con nuestra relación con Dios.

Vivimos todavía muy equivocados, con las prioridades invertidas invirtiendo nuestro precioso tiempo en actividades poco o nada edificante y provechoso. Así como siempre hallamos una excusa para descansar, hacer ejercicios físicos, tener una caminata, leer un buen libro, ocupar tiempo con la familia o distendernos en un lugar donde quiera que hayamos elegido para disfrutar; de igual manera nos ocurre con nuestro tiempo de comunión con el Señor. Siempre hay algo que hacer! Nunca logramos alcanzar si quiera a cumplir con el desafío de comenzar el día, sin apuros, ni presiones en Su presencia.

¿Cómo buscar a Dios? ¿Cómo experimentar su maravillosa presencia? Permítame citarle algunas sugerencias sencillas y prácticas que pueden guiarlo en su búsqueda de Él:

1. Es absolutamente necesario que tengamos presente que nos retiramos aparte para buscar a Dios, no porque sea un mandamiento solamente, sino porque estamos dispuestos a conocer íntimamente al Señor a quien amamos.
2. No olvidar que Dios vive dentro de nosotros y que conoce todo lo que necesitamos, somos e ignoramos de nosotros mismos.
3. Que no necesitamos realizar oraciones muy espirituales al hablar con Él. Solo necesitamos ser muy transparentes y estar confiados en que Su gracia nos revelará toda verdad.

4. Recordar que acudimos a Dios no porque somos perfectos, al contrario, sino porque fallamos y nos equivocamos. Y que su amor nos ha provisto la bendición de hacerlo con toda libertad porque somos sus hijos.

5. Que si hemos pecado, *Él es fiel y justo para perdonar todo pecado.* El errar y el ser débil no nos habilita para vivir en pecado; pero sí debemos desarrollar en nosotros una actitud correcta para buscar la santidad y renunciar al pecado. La condenación nos esclaviza, así que echemos mano en todo momento de Su perdón y levantémonos limpios para adorarle.

6. Sepamos que, la injusticia no siempre le ocurre a la gente que no es buena sino que es parte de la vida y debemos aprender a convivir con ella. En toda situación adversa por más que seamos quebrantados, no quitemos nuestra mirada del Señor porque cuando contemplamos su grandeza, soberanía y poder, es cuando somos fortalecidos para creer que para Él no hay imposibles.

Necesitamos un cambio de prioridades en nuestra vida, de manera que nuestro tiempo con Dios sea lo más importante.

7. Reconocer que necesitamos un cambio de prioridades en nuestra vida. Que debemos esforzarnos en disciplinar nuestras actividades y horarios de manera que nuestro tiempo con Dios no sea lo último, sino lo más importante.

8. Dejar de seguir al Señor de lejos y hacerlo parte de nuestro todo. Que no se glorifique sólo cuando necesitamos su intervención sino también, cuando debemos tomar decisiones pequeñas o importantes. ¡No más un Dios lejano sino un Señor cercano!

9. Buscarlo con alabanzas mas allá de nuestra situación presente. Que el egoísmo acabe en nosotros y comprendamos quién es Él y que merece siempre toda adoración. Su grandeza y poderío debe inspirarnos a adorarle constantemente, como así su ternura y fidelidad que sólo sus hijos conocemos.

10. Y aprendamos a amar las manos del Alfarero porque ellas nos moldean y afinan nuestra forma espiritual. Son quienes nos sostienen, mantienen los brazos firmes y en alto; y también quien nos levanta y sana. Nos acarician y nos corrigen. Sus manos

jamás se cerrarán, siempre estarán extendidas para alcanzarnos con su amor.

Un Corazón Satisfecho

«*Aconteció que yendo de camino, entró a una aldea; y una mujer llamada Marta le recibió en su casa. Esta tenía una hermana que se llamaba María, la cual, sentándose a los pies de Jesús, oía su palabra. Pero Marta se preocupaba con muchos quehaceres...*».$_4$ «*Marta le recibió...*» significa para mí que, cordialmente le dio la bienvenida a su vida sin reservas de ningún tipo. Sin embargo, en su afán por atender al Maestro se olvidó quién la visitaba. Su buena disposición por agradar al Señor con su servicio fue correcta; pero carecía de una importante actitud: ¡sensibilidad espiritual!

En cambio María, se encontraba a los pies de Jesús. Porque ella había comprendido que aquel día no sólo les visitaba el Señor de señores sino que necesitaba tomar para sí misma todo lo que Él tenía. Se apoderó de sus enseñanzas, del tiempo único y maravilloso que divinamente se le presentó junto a Aquel que tenía palabras de vida. Jesús no condenó a Marta por ocuparse de los quehaceres domésticos, sí le pidió fijar prioridades. Se ocupó tanto haciendo cosas para Jesús que no pudo estar con Él. La actitud de María en cambio agradó al Señor, y Él se deleitó al enseñarle las Escrituras.

Continúa este capítulo diciendo que «*se sentó a los pies de Jesús y continuaba escuchando su Palabra...*».$_5$ Esto fue lo que Marta no comprendió y justamente lo que Jesús destacó. «*Continuaba escuchando...*», la palabra **continuar** significa «estar, quedarse, detenerse, permanecer al lado, continuar cerca, perseverar en, continuamente». Y la palabra escuchar significa «dirigir la propia atención a, guardar, oír atentamente». En otras palabras, lo que María estaba haciendo es «detenerse para permanecer al

Lo que María estaba haciendo es "detenerse para permanecer al lado de Jesús". Perseverar y guardar cada palabra que salía de Su boca».

lado de Jesús. Continuar cerca para dirigir su propia atención hacia Él. Perseverar y guardar cada palabra que salía de Su boca».

Y en los versos siguientes Marta se queja: « *¿No te da cuidado que mi hermana me deje servir sola?*».₆ Marta quería atraer a María a sus ocupaciones, para compartir con ella las faenas del diario vivir. Ésta creía tener el derecho de involucrar a su hermana con su forma de vivir, de acuerdo al orden de sus prioridades y alejarla así de la intimidad con Jesús. Pero María le expresó muy claramente dónde estaba su preferencia.

Perseverar junto a la presencia de Jesús mantuvo a María con toda su atención en lo que Él comunicaba. ¡Todo para ella debía ser postergado! ¡Todo podía esperar! Cualquiera podía hacer lo que ella hacía diariamente, pero no se permitió desaprovechar la oportunidad de ser ministrada en aquella visitación especial.

Ni en el templo, ni en Jerusalén encuentra el Señor su satisfacción, sino en Betania. Razón por la cual siempre regresaba allí. Pues la satisfacción de su corazón desplazaba el dolor y la impotencia que le causaba el frío, inanimado y formal sistema religioso vigente; ante la atmósfera viva, cálida y palpitante que recibía en aquella casa de Betania. Él siempre supo que, aunque sus palabras fueran rechazadas en Jerusalén, ellas eran aceptadas y oídas ávidamente allí; y que habría siempre alguien que *continuaría escuchando*!

¡Esto satisface al Señor! Cuando nos apropiamos de su Palabra y la consideramos tan válida que la amamos, creemos y obedecemos. Pues, su corazón se regocija y es satisfecho nuestro Dios. Y la iglesia debe ser como la «casa de Betania»; el lugar donde es satisfecha la persona de Dios!

Lo que desea Dios, es tener relación intima contigo

Es Cuestión de Proporción

La frase «*se preocupaba con muchos quehaceres...*» nos permite ver lo que ocurría en su interior. Significa que estaba distraída o que *tiraba en diferentes direcciones*; absolutamente obsesionada con lo que debía hacerse. Probablemente en su rostro reflejaba su ansiedad. ¿Y cuál era su ansiedad? Muchos quehaceres de la casa, quizás muchos platos que servir, que nada falte, que todo esté en orden; es decir, preocupaciones de todo tipo. Por esto el Señor le dijo claramente: «*Marta, tú estas molesta por toda clase de consideraciones secundarias; tomas más de lo que puedes manejar. Pero hay una cosa que es verdaderamente necesaria...*».[7]

Este afán doméstico era para ella cosa trabajosa, que se salía completamente de toda proporción. Induciéndola a poner las cosas más esenciales en un lugar inferior. Necesitamos poner las cosas en su correcta proporción para que lo temporal no sobrepase y obstruya lo espiritual. No debemos vivir ansiosos y entretenidos con las cosas pasajeras de tal modo que la vida espiritual sea eclipsada. Porque lo único que mantiene todo en su lugar correcto es lo que proviene de los labios del Señor.

Precisamos aplicar el equilibrio en todo y descubrir dónde se está poniendo el mayor énfasis; permitiendo que las cosas de ésta vida nos absorban, nos ocupen y seamos atormentados por la ansiedad, de tal manera que las cosas mayores no estén teniendo su oportunidad.

Segundas Oportunidades

Cuando alguien está espiritualmente muerto, no responde a las cosas (obviamente) de Dios. Y la muerte de Lázaro representa la condición espiritual de todos aquéllos donde el poder de la resurrección no se ha manifestado. Coincidentemente, Lázaro quien había muerto era el hermano de Marta y María; familia a quien Jesús amaba y visitaba muy a menudo.[8]

Estas hermanas estaban desesperadas, sin consuelo alguno; sólo un milagro podría calmar su tormento. Pero Jesús conociendo que su querido amigo estaba gravemente enfermo llegó al cuarto día

¡Es tan fácil obrar movidos por los sentimientos y hacer nuestra voluntad!

de su fallecimiento. ¡Es tan fácil obrar movidos por los sentimientos y hacer nuestra voluntad! Sin embargo, Jesús más allá del gran aprecio que sentía por su amigo, permaneció obedeciendo la voluntad de su Padre.

Lloró y fue conmovido por el dolor de sus amigas. Y aunque en momentos más manifestaría el poder de Dios al resucitarlo; su corazón fue estremecido ante la angustia de quienes Él apreciaba. Su consuelo también se hizo presente, porque Su deidad no sólo evidencia el poder para hacer lo que el hombre no puede; sino también, la sensibilidad ante cualquier situación difícil. Pues dice la Palabra que Jesús lloró.$_9$

La muerte y la condición de Lázaro representaban su vida espiritual; atado de pies y manos, no podía librarse a sí mismo. Las ataduras de la vieja vida le impedían espiritualmente que el poder de la resurrección obrara. Por esta razón el Señor mandó quitar la piedra, que en hebreo significa «*conocer*»; porque «*la revelación del poder de Dios necesita, para manifestarse, que el hombre sea quien quite, desplace «su conocimiento» (la piedra) para que ocurra el milagro*».

Vemos cómo, maravillosamente, Jesús va desplegando a través de las experiencias diarias que acontecieron a ésta familia, los pasos a seguir hacia un encuentro verdadero con el propósito eterno.

Una Fragancia Inigualable

Relatan las Escrituras que aproximadamente para la pascua, Jesús regresó a Betania, y que compartió un tiempo de gozo, confraternidad y amistad junto a sus amigos Lázaro (el resucitado), Marta y María entre otros.$_{10}$ Y que una mujer se acercó al Maestro para ungir sus pies y enjugarlos con sus cabellos. ¿Quién fue esa mujer? María, la hermana de Marta.

Cualquiera que pueda contemplar algún frasco de perfume mientras esté cerrado, sólo podrá hacerse la idea de cuán bello debe oler. Quizás lo compre porque le atraiga su envase o porque se lo hayan recomendado. Pero qué diferente es cuando conocemos su aroma!
Como este perfume así representan los hombres y las mujeres delante del Señor. Pueden poseer esplendidos dones, actitudes, cualidades, elocuencia al hablar…; sin embargo, no huelen a Cristo hasta que el quebranto permita liberar su aroma.

Cuando alguno de ellos es quebrantado, el perfume escondido (atrapado en el interior) se libera y hermosea donde quiera que va porque contiene la Gloria de Cristo. La belleza de Su carácter y el Espíritu Santo de Dios se manifiestan a través de la vida que ha sido quebrantada para ungir al Señor. El quiebre de nuestro carácter, derechos, actitudes, pensamientos es lo que glorifica al Maestro. El quebranto en nuestro interior permite que las apariencias, la frialdad de la dureza y aún las formas humanas se rompan para que se libere el perfume de Su santidad.

Esto es lo que unge la vida del Señor, nuestro quebranto. La vida, la esencia del mismo Jesús para Dios. Y aunque como en el tiempo de María, hoy algunos se burlen y nos critiquen por permanecer junto al Maestro a pesar de las pruebas; nosotros conocemos que sólo se trata del rompimiento de toda estructura en nosotros para que se revele la hermosura de Cristo.

Toda experiencia de quebrantamiento renovará nuestro entendimiento sobre todas las cosas, añadirá mayor conocimiento de la Gloria de Cristo y nos aportará una nueva revelación de Él. ¡Si no se rompe el vaso no se puede oler el perfume! Toda circunstancia desesperante en Jesús, se convierte en una oportunidad Divina para levantar un testimonio de gran valor en nosotros!

Cada situación que estos tres hermanos atravesaron con Jesús, se transformaron en lecciones espirituales para el diario vivir:

•   María representa la adoración constante y genuina que debemos ofrecer al Señor, con hambre por escuchar su Palabra.

¡ María representa la adoración constante y genuina que debemos ofrecer al Señor !

- Marta tipifica el corazón con un espíritu de servicio. Donde siempre encuentra la oportunidad para hacerlo todo como para el Señor; sin desatender su prioridad máxima: ¡Estar con Él!
- Y Lázaro nos revela la importancia de la muerte de nuestra vieja vida para mostrar un testimonio íntegro a fin de que otros lleguen a Cristo también.

Cara a Cara

Dios hablaba con Moisés cara a cara. ¿Por qué Moisés recibió este favor de Dios? ¿Qué lo habilitó para ser la única persona en su época para que experimentara una relación tan cercana? Simplemente, porque fue Dios quien escogió a Moisés. Y el mismo privilegio que Moisés disfrutó está hoy a nuestro alcance. Dios mismo también nos predestinó, eligió, justificó, glorificó y santificó; para vivir en plenitud una relación de intimidad con Él.[11]

La oración constante de Moisés era ver la Gloria de Dios. Su confianza para avanzar en los propósitos divinos estaba apoyada en la seguridad que Dios le daba al confirmarle que lo respaldaría. Podría haberle bastado que el Señor le enviara garantizándole la victoria; sin embargo, él necesitaba escuchar que Aquel que lo llamó, jamás lo abandonaría. La manifiesta presencia de Dios había capturado la atención de este hombre provocando una gran inquietud por conocer a Aquél que se le reveló desde la zarza ardiente. ¡Moisés estaba siendo cautivado por Su presencia…!

«*Te ruego que me muestres tu gloria*»[12] pidió valientemente Moisés al Señor. ¿Qué es la Gloria de Dios? Es Su carácter y Su naturaleza. Su Gloria se revela en su amor, gracia, misericordia, fidelidad, integridad, santidad, perdón y justicia. Osadamente, suplicó que la presencia del Señor permanezca en medio de su pueblo, como la única condición aceptable para seguir adelante. Y el Señor le respondió: «*Mi presencia irá contigo, y te daré descanso*».[13] Mi presencia significa en hebreo literalmente «Mi rostro». Y la palabra *rostro* recibe varias aplicaciones: *consejo, cuidado, favor, dirección, defensa, autoridad, persona, principio, etc.* En otras palabras Dios le dijo: «*Mi persona ira delante para darte dirección, favor, cuidado, autoridad en todo lo que emprendas; y descansarás en mí soberanía*».

El descanso o reposo que en Cristo hoy tenemos no tiene nada que ver con la inactividad, sino con el obrar armonioso de nuestras facultades y de nuestro ser interior (voluntad, corazón, pensamientos, carácter); porque cada una de estas áreas ha hallado en Dios la razón de su satisfacción y desarrollo.

Gloriosa Transformación

Necesitamos ser transformados, cambiados. Debemos determinarnos ir en busca de Dios intensamente y pedirle a Él que nos cambie. La palabra griega para *metamorfosis es transformación*, la cual significa cambiado, transformado. Y esto es precisamente, lo que le ocurre al corazón que se presenta constantemente al lugar Santísimo, y permanece en Su presencia. Será convertido a la semejanza y carácter de Jesús. Y aunque nosotros no notemos el cambio, podemos estar seguros, que una metamorfosis (mudanza) está tomando lugar. Con toda seguridad, algo está sucediendo, porque nadie puede estar contemplando continuamente la Gloria de Cristo sin ser transformado!

Lo primero que percibimos cuando estamos contemplando al Señor es cuán poco nos parecemos a Cristo.

Lo primero que percibimos cuando estamos contemplando al Señor es cuán poco nos parecemos a Cristo. No importa cuán justos o rectos creamos que somos. Su Espíritu nos muestra cuán cortos de la Gloria de Dios quedamos, cuán autosuficientes somos, cuánto luchamos en la carne. Sin embargo, mientras nos sentamos a contemplar a Cristo, comienza una obra espontánea. Lo primero que notaremos es la rectitud que Él ha conquistado para nosotros, donde la fuerza, la lucha, el sudor o el ruego del ser humano es innecesario para llegar a la santidad. Ciertamente, la obra del Espíritu Santo es quien ha comenzado un proceso maravilloso de *metamorfosis* en nuestro interior; donde Su voluntad en nosotros sujeta toda intención humana que se levante en contra de este proceso divino.

Dios está más interesado en lo que eres realmente que en lo que haces

Su Espíritu es como el vehículo donde somos transportados hacia las diferentes actitudes, pensamientos, intenciones y reacciones que contienen pecado; y necesitan mudanza. Su Espíritu nos conduce a la Verdad absoluta de todas las cosas. Su Verdad se revelará en nosotros para que este proceso de cambio alcance su máximo objetivo: ¡que seamos como Jesús! Y aunque muchos cristianos profesen estar llenos del Espíritu Santo, creo que existe una prueba que demuestra si realmente su Espíritu está gobernando nuestra vida. La prueba es ésta: «*La evidencia de un aumento progresivo del carácter de Cristo en mí*».

De ser así, veremos un aumento continuo de cambio. Permanecerá sucediendo todo el tiempo porque los cambios obrados por el Espíritu de Dios son constantes. El estancamiento no tiene lugar cuando el Espíritu Santo está en control. Verdaderamente, ignoramos como Él lo hace, qué métodos usará en nuestras vidas; pero sí sabremos que, «*toda prueba o sufrimiento presente no se compara con la Gloria venidera...*»

¿Cómo enriqueceremos a muchos? Ofrecemos verdaderas riquezas cuando provocamos que otros nos pregunten: ¿Cuál es tu tesoro? ¿Cómo haces para soportar tal prueba? ¿Dónde encuentras esa paz? Un corazón rendido al obrar de Dios es una gran amenaza para el reino de las tinieblas, y una tremenda oportunidad para que el Señor se manifieste con todo su poder.

¡Comience ahora mismo! Sature todo tu ser con Su presencia, y edifique un altar para Jesús en su interior. Fije su mirada en Él y prepárese para ser transformado por la Gloria de su Presencia…!

Capítulo 3

El Fuego de la Pasión

«Entonces me invocaréis, y vendréis y oraréis a mí, y yo os oiré; y me buscaréis y me hallaréis, porque me buscaréis de todo vuestro corazón".$_1$

El pueblo de Israel, escogido por la gracia de Dios y liberado de Egipto con poder; fue guiado, alimentado y protegido del enemigo por la maravillosa mano de su libertador. Convirtiéndose en el *único pueblo entre los pueblos* bajo pacto y poseedor de las leyes santas para obedecer y respetar como señal de una estrecha relación de intimidad con su Padre, Dios.

Sin embargo, la demora de Moisés (cuando ascendió al monte para buscar en oración al Señor), provocó al pueblo y un pedido aberrante por parte de éste fue hecho a Aarón (el hermano y líder ayudante de Moisés), exigiéndole: *«Levántate, haznos dioses que vayan delante de nosotros; porque a este Moisés, el varón que nos sacó de la tierra de Egipto, no sabemos qué le haya acontecido».*$_2$ Es evidente, que su antigua vida en Egipto tenía aún poder sobre ellos. Pero, ¿Por qué Aarón no reprendió al pueblo y buscó ayuda en Dios? Sin lugar a dudas, porque él también había perdido la esperanza del regreso de su hermano. Evidentemente, ¡Cuarenta días sin respuesta, no solo impacientó al pueblo sino que puso a prueba su confianza en Dios!

Ahora bien, notemos esto: *¡El pueblo no pidió por el verdadero Dios, sino por otros dioses!* Su impaciencia e incredulidad los condujo a la idolatría, y la idolatría a la inmoralidad! Tanto Aarón como todo el pueblo fueron testigos de la Gloria de Jehová como un fuego abrasador en la cumbre del monte. Ellos conocían Su manifestación pero no a Él. Recién liberados de Egipto, les pareció muy natural *construir un becerro de oro* para representar al Dios que los bendijo con la libertad de sus opresores. ¡Le dieron «la forma» que ellos conocían!

¡Ellos conocían a un Dios sin rostro! No sólo quebrantaron el mandato de no hacer, tener y/o adorar ídolos,[3] sino que su búsqueda por hallar y palpar al Dios de Israel (como lo hacían con sus ídolos paganos), los condujo a la desobediencia. ¡Cuánto nos parecemos a ellos! Somos tentados todo el tiempo a querer moldear a Dios a nuestro parecer, con la intención de provocar que Él descienda a nuestro nivel; para responder a nuestras expectativas, deseos y circunstancias. Creer en un *«dios así, nos convierte en adoradores de nosotros mismos»*. Y la auto-adoración nos arrastra a toda clase de corrupción.

Somos tentados todo el tiempo a querer moldear a Dios a nuestro parecer, para que responda a nuestras expectativas, deseos y circunstancias.

La palabra *ídolo* (eidolon) significa *un fantasma o semejanza* (aparición, lit. aquello que es visto) *o una idea, imaginación*. Espíritu o demonio. También existe una ironía sarcástica en la similitud entre «Elohim»: término que se usa para Dios y «Elilim» que significa ídolos. Y en hebreo ésta palabra expresa *«vanidad», «cosa de nada», «no verdadero»*. Esto nos enseña que adorar a Dios según nuestro criterio y no según la voluntad de Él, nos convierte en personas gobernadas por una mentalidad gentil (pagana). Porque todos y cada uno de los ídolos que el hombre ha creado tienen la forma de su imperfección, de su impureza y de su egocentrismo. Siempre la idolatría conduce a la esclavitud que provoca la ambición de la vida carnal; en cambio, la obediencia a Dios somete al hombre bajo el gobierno de la vida espiritual victoriosa!

Los dioses satisfacen y alimentan la inmoralidad cuando son aniquilados la moral y los principios de la Palabra; al rendir el hombre su voluntad. En cambio, Dios nos provee de su santidad (arma poderosa para destruir el pecado), a través de la íntima relación con Él; a fin de someter esta ley que mora en nuestros miembros y alcanzar así, la gracia para vivir agradándole a Él.

"Los dioses ante los cuales el hombre se postra tienen la forma de su imperfección, de su impureza y de su egocentrismo"

Nos relatan las Escrituras que parte del tesoro que obtuvieron de Egipto, para construir el tabernáculo fue utilizado para crear el becerro de oro. Para Dios las ofrendas para el tabernáculo, revelaba la verdadera motivación del corazón y la voluntad del espíritu de quien la ofrendaba. Dado que éstos por lo general, eran regalos suntuosos, diversos y abundantes.$_4$ Y la palabra *Tabernáculo* significa «El lugar donde se mora», «asentar» o «vivir entre algo o alguien». En otras palabras, *la tienda* de Dios, el tabernáculo, simboliza *la santidad* de Dios (Su presencia) *entre su pueblo*. Era la señal de que Él quería vivir con su gente para establecer una relación íntima con ellos. Así como hoy, a través de Jesucristo, nos es revelada la persona del Padre, y Él está en nosotros a través del Hijo, y nosotros en Él.

«*Mañana será fiesta para Jehová*»$_5$ declaró este líder absorbido por la ceguera que produce el abandono y el rechazo de la fe. Sólo a seis semanas de haber realizado el solemne pacto con promesa con Dios, el pueblo pidió una réplica de los dioses de oro de Egipto, para identificarse con Dios. La celebración que aquí se menciona, seguramente, ha involucrado sacrificios combinados con actos sexuales de adoración profana.$_6$ Dado que Baal, con imagen de toro, era símbolo sagrado de poder y fertilidad, y estaba estrechamente relacionado con las prácticas de inmoralidad sexual para los cananeos.

Una y otra vez comprobamos cómo el enemigo logra engañar, a través del pecado oculto que palpita dentro del corazón del hombre; a fin de desviarlo del propósito divino:

- Los tesoros del pueblo destinados para la construcción de la morada de Dios, fueron sustraídos para que el enemigo ocupara el lugar de adoración.
- La intimidad que Dios buscaba y deseaba tener con su pueblo, Satanás la usurpó utilizándola a través del sexo promiscuo con el

pueblo de Israel.

«Adoración» e «Intimidad» es lo que los hijos de Dios le negaron al Creador para rendirlo ante el enemigo. La muerte espiritual es el castigo para aquéllos que violan el pacto con Dios. Sentencia que no pudieron revertir debido a su necedad. Fueron personas libres de la monarquía del Faraón pero continuaron esclavos de las costumbres que bajo ese gobierno practicaron!

Aunque ellos fueron testigos del poder manifiesto de Dios, no quedaron exentos de ser tentados a practicar las costumbres de los pueblos vecinos. Su fe se debilitó, primeramente porque no tenían interés en mantener comunión con Dios al resistirse a morir a su vieja vida (costumbres, pensamientos, ideales, normas); y en segundo lugar porque ellos seguían y creían en Dios por lo que su líder Moisés les compartía. Aunque como hijos tuvieron la maravillosa oportunidad de experimentar la Gloria palpable del Todo Poderoso, su condición les impidió contemplar Su grandeza, atender Sus mandatos y rendirles sus vidas. ¡Porque quienes permanecen espiritualmente muertos están incapacitados para todo! Ellos jamás buscaron al Señor, quien de manera visible se presentaba delante de sus ojos; porque eran idólatras de sí mismos y no de Dios!

Esa fue la razón por la que se mantuvieron lejos de nuestro Dios Santo. Su condición y los designios de Dios los convirtió en testigos de la gran manifestación de amor del Padre para con su pueblo; sin embargo, jamás abandonaron su pasión por las cosas del mundo. No podemos negar que el Señor quiso destruirlos, pero la intervención de las súplicas de Moisés aplacó su ira. Los perdonó. Pero no pudieron escapar de las consecuencias de su rebeldía. ¡Toda ésta generación quedó fuera de la promesa!

«Donde está tu pasión está tu corazón…»

La comunión, el compañerismo es lo más importante; no la condición de hijos. Permanecer en Cristo no significa mantenernos nosotros mismos salvos. Sino vivir la Palabra, orar, obedecer sus mandamientos y mantener nuestras vidas limpias para Él. Ser *un pámpano* en la *Vid* significa que estamos unidos a Cristo y tenemos su vida.₇

La Vid verdadera (el Hijo), junto con sus pámpanos (los que creen en el Hijo); son el equipo perfecto diseñado por el Padre

La comunión y el compañerismo, es lo más importante; Ser un pámpano en la Vid significa que estamos unidos a Cristo y tenemos su vida

para manifestar su economía (la administración ordenada de sus riquezas). La visión corporativa del Señor permite que al cultivar al Hijo, se funde (se vacíe) a Sí mismo con todas sus riquezas en esta Vid; de manera que con el tiempo la Vid llega a expresar al Padre. La palabra *pámpano* está relacionada con «partir», denota *una rama tierna y flexible, especial del sarmiento de una vid, de un vástago (hijo, descendiente) de una planta o árbol.* La Palabra dice que «*Todo pámpano que en mí no lleva fruto, lo quitará; y todo aquel que lleva fruto, lo limpiará, para que lleve más fruto*».₈
Veamos entonces, algunas verdades espirituales que se desprenden de esta parábola:

«*Todo pámpano que en mí no lleva fruto, lo quitará...*»

1. La persona será echada fuera como pámpano, indicando la pérdida del compañerismo con el Hijo.
2. La persona se secará, indicando la pérdida de la vitalidad.
3. La persona será echada, perderá su recompensa.

Y la verdad es que, podemos producir «obras», pero únicamente el cristiano espiritual puede llevar fruto permanente. Sólo el encuentro espiritual genuino nos conduce a una vida que contiene la vida de Jesús transitando por nuestras venas; convirtiéndose el fruto en una señal de vida espiritual y de vitalidad.

Dice luego, «*y todo aquel que lleva fruto, lo limpiará, para que lleve más fruto*». El Señor a través de su Palabra nos limpia (purifica), santificándonos para que seamos más fructíferos. De esta realidad conocemos la razón del porqué un cristiano dedicado a menudo

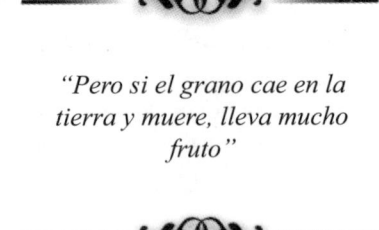

"Pero si el grano cae en la tierra y muere, lleva mucho fruto"

tiene que atravesar sufrimiento (pruebas). Por esto, las Escrituras también nos enseña que «*si el trigo no cae en la tierra y muere, queda solo; pero si muere, lleva mucho fruto*».[9] En otras palabras, quiere decir que si un grano no muere sólo será una semilla singular que contiene el potencial dentro de sí para multiplicarse. Pero si el grano cae en la tierra y muere (acepta el proceso de transformación), dejará de ser una simple semilla para convertirse en un árbol fructífero!

Así como en Jesús, la Gloria divina del Padre fue oculta en Su carne así la Gloria del Hijo permanece oculta en nosotros! Su muerte y resurrección produjeron que su Gloria fuese liberada y produjera muchos hijos (granos); los cuales se convirtieron en la expresión de su victoria! Dice luego: «*El que ama la vida de su alma la perderá; y el que la aborrece en este mundo, para vida eterna la guardará*».[10] Como el Señor, debemos nosotros (los pámpanos, los muchos granos) perder la vida del alma por medio de la muerte para poder disfrutar la vida eterna a través de la resurrección!

La «cáscara» del Hijo encarnado tenía que ser quebrantada por la muerte para que la vida eterna, pudiera ser liberada y expresada en Su resurrección. De igual manera, ocurre con la vida que contiene cada grano de trigo que es liberada al romperse su cáscara y es expresada al florecer. Esto significa la manifestación de la Gloria de Dios el Padre en el Hijo. Por esto cada vez que morimos, la cáscara de nuestra humanidad es quebrantada provocando, inevitablemente, la manifestación del fruto de la resurrección: ¡Frutos que glorifican al Señor!

Si un creyente no es perfeccionado, madurado; sino que recae en las cosas viejas, será reprobado, considerado indigno por Dios. Por esto no debemos jamás olvidar que, todo hijo e hija (como la tierra) somos cultivados por causa de Dios para producir a Cristo!

«*Permaneced en mí, y yo en vosotros*»,[11] nos da la idea de «*morar en Él*», «*perseverar al continuar en Él*», «*sin interrupción vivir a través de Él*», «*mantenernos firmes, estables, confiados en Él*». En otras palabras: «*Mantenernos en Él porque le pertenecemos*». Y la verdad es que, para que la rama o la semilla (los hijos de Dios) produzcan más fruto deben permanecer en la vid o morir en la tierra (en la Palabra); para que logren sumergirse en la vida de Cristo.

«*Porque separados de mí nada podéis hacer*».[12] Lejos de Cristo, el creyente es incapaz de realizar cualquier cosa que tenga valor espiritual permanente. «*El que en mí no permanece...*»[13] nos advierte que el no mantenernos firmes y estables en Él nos producirá grandes consecuencias, entre ellas, la privación de las riquezas de la vida de la Vid (de Cristo).

Aviva el Fuego

El fuego siempre tiende a apagarse ¿verdad?, y conocemos bien que, si no lo atendemos lo perderemos! ¡Se apaga! Por esto la Palabra nos exhorta de esta manera: «*Por lo cual te aconsejo que avives el fuego del don de Dios que está en ti*»,[14] señalándonos, de esta manera, la importancia de escoger la decisión correcta porque de ello depende que la llama de nuestra alma permanezca viva o que este fuego divino sea extinguido!

Es a través de nuestra rendición y búsqueda constante de la persona del Espíritu Santo que logramos mantener nuestro espíritu ferviente y que los dones sean avivados. El soplo vivificante debe ser constante. Por esto el Señor instruyó cinco veces que el fuego del altar del holocausto debía mantenerse siempre encendido.[15] Fuego que Dios mismo encendió y suplió.[16]

El fuego, representa la presencia de Dios como una «*antorcha ardiente*». Y cada uno de sus hijos necesitamos, constantemente, del fuego de su Presencia dentro de nosotros; para vivir agrandando al Señor. Ahora bien, el hecho de haber presentado nuestras vidas al

Señor, y que nuestra alma haya sido transformada con un espíritu ferviente, para estar capacitados para su obra; no nos exime de encontrarnos (a veces) en un estado negativo e inactivo.17

>
> *El fuego, representa la presencia de Dios como una "antorcha ardiente". Y cada uno de sus hijos necesitamos constantemente, del fuego de su Presencia.*

En tal circunstancia, debemos avivar el fuego que arde en nuestro interior para ser despertados y animados para continuar hacia la meta en forma positiva, en nuestro caminar con Dios. Por esto, nuestra consagración diaria a Él nunca debe posponerse, Su presencia y poder en y sobre nosotros nunca debe disminuir! Debemos mantener ardiendo en el altar de nuestros corazones, la llama del Espíritu Santo a todo precio. La palabra griega «avives el fuego» se refiere al uso de un fuelle que hace que se inflame un fuego que está en extinción, y eso indica que exige un esfuerzo. Y esto, es justamente lo que debemos hacer para intensificar la manifestación de la llama del Espíritu Santo.

La palabra *avivar* denota «*volver a encender*» o «*mantener plenamente encendida la llama*». Si bien es Dios quien enciende el fuego, de nosotros depende el humillarnos ante su presencia con total honestidad e integridad, para que su Espíritu sea «*como ese fuelle que sople sobre nuestro espíritu y el fuego sea avivado*». No requiere de esfuerzos humanos, sí de la disposición constante de buscarle a Él para que sople sobre nosotros.

Fervientes es la condición espiritual en la que debemos vivir: "Hirviendo", "Brillando con poder" para Dios. Es cierto que cada creyente ha recibido una medida de impartición y unción, pero Dios desea incrementarla en nosotros cada día más! Recuerde que somos sus templos vivientes, y que Él quiere manifestar su Gloria, su naturaleza, su carácter y su poder a través nuestro!

"Permite que el Espíritu Santo actúe como el fuelle para que sople sobre tu espíritu y el fuego sea avivado..."

La Gloria de Dios, Cristo, es el tesoro que mora en nosotros. Y quienes contenemos este gran tesoro somos vasos de barro, sin valor y frágiles. ¡Un tesoro incalculable dentro de vasos sin valor!₁₈ Este tesoro, Cristo, es la fuente de provisión divina para la vida cristiana. Es por medio del poder excelente de este «tesoro» que nuestra vida es transformada de Gloria en Gloria.

Y la razón por la que Dios coloca este tan valioso tesoro dentro de un humilde vaso es para que sea evidente que el poder del evangelio es de Dios y no del vaso. Quizás usted conoce esta verdad. Reconoce que Cristo, la Gloria de Dios, vive en usted; sin embargo, también admite que ha ido perdiendo su interés por Él y sus caminos. Le recuerdo que, nuestro amado Salvador nos ha dejado una llave poderosa para abrir los cielos y recibir respuesta: *"Pedid, y se os dará; buscad, y hallaréis; llamad, y se os abrirá"*.₁₉

Él mismo nos enseña a "pedir", a "buscar" y a "llamar".

Él mismo nos enseña a *"pedir"*, a *"buscar"* y a *"llamar"*. Estos imperativos griegos están en tiempo presente, sugiriéndonos perseverancia y oración constante; dado que las bendiciones y provisiones de Dios están disponibles para cada uno de sus hijos. Por esto, llegar a conocer a Dios demanda decisión, asegurándonos Jesús que nuestros esfuerzos serán recompensados. Nos educa también, a hacerlo con una actitud persistente y a no rendirnos, aunque lo hallamos hecho sinceramente, sin resultados positivos aún. ¡Debemos continuar insistiendo hasta hallarlo!

"ÉL será Hallado por Ti..."

Si decide ir delante de Jesús, y vaciarse de toda distracción, de los deseos de este mundo, para hallarle a Él; Él vendrá hacia usted con el soplo de su Espíritu para responderle. Comprenda, que no se trata de una obligación sino de compañerismo. Sólo Él puede estimular su apetito espiritual y perfumarle con Su fragancia Santa.

En la intimidad, Él despertará su deseo por Él y usted le responderá con pasión!

¡Dígaselo ahora mismo! Si realmente desea más de Él, dígaselo con sus palabras; por ejemplo así: *¡Señor, yo quiero más de ti, deseo vivir en tu Presencia y no salir jamás de ella! ¡Despierta un interés profundo dentro de mí, de manera que se convierta en un hambre por tu Presencia como jamás lo he experimentado!* ¡Búsquelo, llámelo con hambre desesperante! De manera que nada pueda desenfocarlo del propósito que lo ha hecho cerrar la puerta de su habitación para encontrarse con Él!

Tratar de mantener una relación "superficial" con Dios es lo mismo que nada. Continuar presentándonos ante el Señor con nuestra alma y corazón cargado de problemas sin entregárselos; es como tener un armario (un closet) lleno de cosas inservibles que nos impiden ocuparlo con cosas nuevas!

Reconocer que en nuestra casa poseemos un armario que es imposible de abrir (porque está repleto de cosas) y pasar delante de él creyendo que algún día alguien lo limpiará o que no es tan necesario ocupar tiempo para ordenarlo porque hay más lugar en la casa para guardar más cosas; se asemeja a lo que hacemos cuando acumulamos recuerdos, emociones heridas, actitudes improductivas y mucha amargura. Totalmente persuadidos de que, si bien es cierto que se trata de cosas pasadas, no es necesario hablar de ello, hoy!

¿Sabía usted, que puede estar manteniendo las puertas de su corazón cerradas para que Dios no pueda ingresar, al negarle Su intervención? Limpiar y ordenar aquel armario (closet) lleno de cosas innecesarias es igual a cuando derrama su corazón delante de Dios, de manera sincera y confiesa su necesidad de ser restaurado, limpiado y vaciado! A lo mejor descubre o reconoce que su "closet" ha sido abandonado por mucho tiempo! La verdad es que no es tan importante cuanto haya que limpiar, vaciar y ordenar; sí lo es la necesidad de hacerlo ya!

Intimidad busca Dios tener con nosotros. La intimidad tiene que ver con revelar el verdadero yo. Lo íntimo de su ser, de sus pensamientos.

YADA, significa "conocer a Dios íntimamente".

Lo que ocurre en su interior. Lo exterior refleja algo de lo que poseemos interiormente, y sólo algunos pocos tienen el privilegio de conocer. ¿Sabía usted que existe una gran relación entre las palabras *"conocer"* e *"intimidad"*? La palabra que describe esto es *YADA*, que significa *"conocer a Dios íntimamente"*. "Conocer", "intimar" con la persona de Dios es entonces, estar en contacto con la fuente misma de poder; equivale a fundir nuestra vida en la de Él. Su grandeza, Su carácter y Su braveza no sólo atrapan el corazón de aquel que solo un vislumbre de su Gloria percibió; sino que es cautivado por la atracción que se despierta al estar a solas con Dios.

Quien conoce a Dios recibe fuerzas únicas del cielo que convierte al hombre en un canal en potencia donde Él puede manifestar su poder. La intimidad con Dios nos provee osadía y provocará que realicemos hechos atrevidos y poderosos en Su nombre! El Señor anhela que usted lo busque con pasión, con una disposición obediente y determinante, hasta hallarlo a Él en el lugar secreto! Es necesario que su tiempo apartado para estar con Él, no esté condicionado por la cantidad sino por la calidad! La calidad en lo que hacemos se demuestra por los frutos que se cosechan. Creemos muchas veces que la cantidad es calidad y conocemos que no siempre es así. La cantidad es asunto de producción (de obras); en cambio, la calidad tiene que ver con la importancia (el valor) que le damos a todo lo que hacemos en la vida, para Dios. ¡Aún con nuestro tiempo de intimidad con Él!

¡Él desea cautivarlo con su Presencia! ¡Búsquelo con todo su corazón y con gran expectativa por que el Rey acudirá a su encuentro… !

Capítulo 4

Una Poderosa Llave del Reino: «El Silencio»

*«Mas Jehová está en su santo templo; calle delante de él toda la tierra".*₁

Cuántas veces nos hemos sentido incómodos al encontrarnos reunidos con un grupo de personas, porque de repente el silencio irrumpió en la conversación; y permanecimos varios minutos sin articular ninguna palabra. Por lo general, cuando esto ocurre, algunos comienzan a hablar para avivar la conversación, argumentando relatos o algunos chistes.

La verdad es que no estamos acostumbrados a estar en ningún lugar que esté completamente en silencio. Pero cuando se trata de estar delante de la presencia de Dios, es muy diferente a lo que conocemos y vivimos en lo natural. Notará que cuanto más íntima se torne la relación con Dios, logramos entender la gran importancia que tiene el guardar silencio delante del Señor de señores!

Y para asimilar esto, nos es necesario comprender que «orar» es más que articular palabras, se trata de una relación personal que está fundamentada en el diálogo fraternal y no en una comunión superflua, carente de la necesidad de estar con la persona más que hablar con ella. Muchas veces de manera rutinaria leemos la Palabra de Dios; sin lograr alcanzar a comprender qué nos está diciendo el Señor de la Palabra.

El silencio: Llave para **la Meditación**

La Biblia, la Palabra de Dios, es más que un libro bien encuadernado, con un contenido rico en mensajes religiosos. ¡Es el corazón de Dios revelándose al hombre! Cuando leemos y pronunciamos cada frase que van dando forma al mensaje, pensamiento y/o sentimiento de Su corazón para nosotros; podemos notar que Su inspiración es sublime.

Sin embargo, teniendo aún el privilegio de conocer a Dios, su voluntad, su corazón y cómo hallarlo; sus Escrituras quedan en el olvido o aunque estén grabadas en nuestra memoria, no lo están en las tablas de nuestro corazón!
Meditar es pensar detenidamente en lo que Dios me está diciendo para lograr comprender las verdades ocultas que traerán salvación, sanidad, perdón, gozo, esperanza, fe; entre tantas bendiciones. Y es justamente, lo que necesitamos hacer diariamente para conocerlo más a Él.

Detenernos en las Palabras de Dios, en su accionar, en su misericordia y aún en sus deseos nos acerca más a Él. Meditar en las palabras de Su boca nos conducirá a tener compañerismo con su Santo Espíritu. Así como cuando alguien nos llama por teléfono y sabemos de quien se trata a penas escuchamos su voz, así nos ocurrirá con el Espíritu de Dios, al guardar silencio en su presencia al esperar oír Su voz.

El silencio es quietud, calma, paz, callar, reserva, secreto. Otro sinónimo es *menguar*. Sin darnos cuenta, estamos tan llenos de nosotros mismos que nos es necesario practicar el hacer silencio. Esta actitud, tan valiosa para Dios, nos conduce a la quietud, a la cruz; donde menguamos para que Él pueda crecer en nosotros.

El silencio significa "menguar"

Cuando hablamos con Él no siempre comunicamos lo que realmente queremos o necesitamos decir. Y por lo general, sea por falta de experiencia o conocimiento, en el momento de la intimidad con Dios; hablamos tanto que nos transformamos en el centro de atención, cuando Él debería ocupar ese lugar.

El salmista David halló el verdadero propósito en las palabras de la boca de Dios; su deleite. Así él lo expresa cuando dice: «*En tus mandamientos meditaré; consideraré tus caminos. Me regocijaré en tus estatutos; no me olvidaré de tus palabras*».$_2$

Le estamos diciendo al Señor: « *Enséñame a ser íntegro delante de ti. A entregarme sin reservas. A necesitar estar a solas contigo para conocer tu Gloria y conocerme más a mí mismo*».

El silencio: Llave que **Libera la voz de Dios**

Si deseamos una mayor intimidad con nuestro Padre Celestial, debemos apartar tiempo para permanecer en silencio delante del trono de Dios, para que Él nos hable. Según esperamos delante de Su presencia, su voz se hará más clara. Él le habla al hombre nuevo, al hombre interior; aunque no siempre lo haga con palabras. Algunas veces lo hace a través de alguna visión o sentir que viene de Él; otras veces lo hace cuando estamos leyendo su Palabra.

Aquí otra declaración de un corazón que fue cautivado por el poder transformador y soberano de Dios: « *¡Oh, cuanto amo yo tu ley! Todo el día es ella mi meditación. Me has hecho más sabio que mis enemigos con tus mandamientos, porque siempre están conmigo*».$_3$

Le estamos diciendo al Señor: «*¡Habla tú y yo aprenderé! Sea tu voz mi camino y mi Verdad en todo tiempo. Tu Verdad me gobierne y prevalezca siempre a pesar de la multitud de consejos. Y a Tu consejo responda yo con absoluta obediencia...*»

El silencio: Llave de **la Liberación**

¿Recuerda la conquista de Josué sobre Jericó? Josué postró su rostro en adoración, se humilló y entregó sus planes al Señor. Su sometimiento a Dios, le proveyó de las estrategias que le garantizaron la victoria.

Durante seis días el pueblo marchó bajo la orden de hacer

absoluto silencio hasta el momento indicado de la posesión. Fe y paciencia necesitaron para esperar el tiempo designado por Dios para hablar, para hacer *ruido*. En la conquista además de fe y obediencia, experimentaron la disciplina de hacer silencio mientras poseían la tierra y obtenían la victoria!

¿Cómo creer que pudiera un pueblo tomar una ciudad con gritos y trompetas? No es a través de nuestra fuerza, conocimiento o experiencia que logramos vencer al enemigo; sino a través de la obediencia absoluta a Dios, quien pelea por nosotros!

«Entonces el pueblo gritó, y los sacerdotes tocaron las bocinas; y aconteció que cuando el pueblo hubo oído el sonido de la bocina, gritó con gran vocerío, y el muro se derrumbó. El pueblo subió luego a la ciudad, cada uno derecho hacia delante, y la tomaron».[4] Necesitaron seis días de completo silencio y al séptimo y último día, en la séptima vuelta se consumó la toma de la ciudad. Siete días de obediencia los condujo a la conquista de la disciplina de su humanidad.

Le estamos diciendo al Señor: *«Enséñame a pelear a Tu manera, a vencer a mis enemigos con Tus estrategias. Muéstrame lo que debo hacer para ver Tú Gloria! Anhelo contemplar la grandeza de Tus proezas, Señor!»*

El silencio: Llave que nos provee **Comunión con Dios**

«Dulce será mi meditación en él; yo me regocijaré en Jehová».[5]
«En la hermosura de la gloria de tu magnificencia, y en tus hechos maravillosos meditaré».[6]

Cuando nos humillamos delante del gran «Yo Soy», es cuando a través de su Espíritu, podemos contemplar su grandeza y tener memoria de sus maravillas. Su carácter y su soberanía son notorios cuando Él nos revela sus designios, como también; en todo aquello que Dios permite que experimentemos.

El salmista David amó el permanecer meditando (*con sus labios cerrados pero con su espíritu expectante*) ante la maravillosa revelación sobre todas las cosas. En Dios, él comprendió que se encuentra la Verdad absoluta y el consejo perfecto para vivir sabiamente, y lograr así, el éxito más allá de su imperfección.

Esto es comunión: compartir ambas partes no solamente sus sueños, anhelos sino también el deseo de estar uno con el otro. Comunicar lo que palpita en sus espíritus y saciar la gran necesidad de conocer lo que el otro piensa, desea y necesita de mí.

Le estamos diciendo al Señor: «*Ten paciencia conmigo Señor, voy hacia ti. Deseo conocer lo que palpita en Tu corazón y saber entonces, cómo agradarte. Anhelo enamorarme cada día más de ti y gozar cada momento de la vida al saber que Tú estas junto a mí!*»

"Ten paciencia conmigo Señor. Deseo conocer lo que palpita en Tu corazón"

El silencio: Llave de **la Sumisión**

En la presencia del Señor encontraremos varias llaves «revelaciones» que nos guiarán y darán la posibilidad de conocer cómo agradarle a Él, vencer al enemigo y también, la importancia de permanecer callados porque nos enfrenta con nuestro propio yo. Permanecer en reverencia delante del Rey, con una actitud humilde, sometiendo todo nuestro ser a la obediencia de estar callados; nos permitirá conocer cada vez más Su voz.

Hacer silencio es más que no hablar. ¡Es permitir que hable Él! ¿Cuánto en realidad, deseamos o necesitamos que Dios nos hable? ¡Es maravilloso conocer y disfrutar la posibilidad de escuchar hablar a Dios!

Su silencio jamás calla. De una u otra manera a través de él, Él nos habla. Pues, nuestro silencio da lugar al Rey de reyes para que manifieste su expresión de amor y su autoridad. Estar en silencio delante de Él en sumisión en nuestro interior, revela que nos hemos colocado debajo de quien es mayor a nosotros. Por esto callamos y esperamos. Porque el que está por encima nuestro merece nuestra honra, alabanza y respeto; porque se trata del Dios del universo. Le estamos diciendo al Señor: « *¿Quién soy yo para que Tu tengas memoria de mí? ¿Qué mérito he hecho para tenerte? Soy deudor a Tu amor, a Tu misericordia, a Tu bondad y a Tu compasión. Dame días de vida para corresponderte tanto amor...*»

El silencio: Llave de **la Sanidad**

Donde está la presencia del Señor, acontecen todo tipo de milagros. Es a través del río de su Espíritu que la fuente de sanidad, se derrama sobre todo aquel que necesita libertad del yugo de la enfermedad.

Y es a través de la adoración, de la quietud y del hambre por su presencia que Él acude a nuestro llamado y somos sanados! Muchas veces experimentamos un gran quebranto sin conocer porqué lloramos. Es su Espíritu sanando las heridas del alma. Otras veces su manifiesta presencia nos arropa, nos envuelve; y como un manto, ella toca todo nuestro ser y allí somos libertados.

Es a través del río de su Espíritu que la fuente de sanidad, se derrama sobre todo aquel que necesita libertad del yugo de la enfermedad.

En una oportunidad experimenté, hace varios años, un estado crítico en mi salud; empeorando la condición de mi cuerpo cada día más. Me debilité tanto, que no podía levantarme, ni cocinar, ni hacer nada de los quehaceres domésticos. La situación fue crítica, de tal manera que no podía caminar sin ayuda. Pero un día tomé una determinación, le pedí a mi esposo que antes de irse a su trabajo, me dejara sentada junto a la mesa; allí en la soledad y en la quietud de mi hogar. Desde ese momento, comencé a profundizar en la Palabra y a buscar las promesas que me hablaban sobre sanidad. Fue una experiencia única con el Espíritu Santo; pues cada mañana me entregaba como una niña, para que Él me dirigiera. Así permanecía por horas, algunas veces leyendo las Escrituras y otras, en completo silencio delante de Su presencia; mientras su Palabra se hacía carne en mi ser. ¡Y un día, sin darme cuenta, me levanté de mi cama sola, sin ayuda; y desde allí comencé a funcionar como si nada hubiera padecido!

El Señor Todopoderoso había llegado a mi vida y me había sanado! ¿Cómo sucedió? Comprendí que mi actitud de fe y sumisión a su Palabra tomó control de mi vida. Que mientras yo guardaba silencio en Su presencia, no sólo estaba fundiendo mi vida en la suya sino que también, Él estaba quitando el yugo que a mi cuerpo aquejaba. ¡Y así fui sanada!

Le estamos diciendo al Señor: «*Ven, Señor Jesús, y sáname a través de tus yagas. Sea tu Palabra el aceite para mi alma. Sea tu Presencia mi sanidad, querido Señor. Mi fe espera en ti...*»

El silencio: Llave para la Unción

Perseverar en silencio en la presencia Santa del Señor y enfocar toda nuestra atención en Él, nos lleva a reconocer cuan pequeños e insignificantes es el ser humano sin Su gracia sobre nosotros.

Cuanto nos es necesario Su poder, Su misericordia y Su favor para cada día y para cada tarea a realizar. Por esto, cuando permanecemos en sosiego, es cuando el Espíritu Santo nos capacita a fin de conocer la verdad de todas las cosas. Su unción nos santifica de manera que, cada día le pertenezcamos más a Él y menos a nosotros mismos y al mundo.

Nuestro silencio ante Dios demuestra nuestra convicción de lo incapaces que somos para hacer algo sin su intervención, sin su favor. También, es en estos momentos cuando entregamos todos nuestros derechos, conocimientos y toda autosuficiencia; para que sean quemados «como hojarasca» ante la soberanía Divina.

Le estamos diciendo al Señor: «*¡Yo no puedo hacer, absolutamente, nada sin ti! ¡Ayúdame, guíame e interviene por favor! ¡Qué es la vida sin ti..., un gran abismo!*»

El silencio: Llave para **recibir Dirección (guía) de Dios**

¿Qué camino tomar? ¿Cuándo hablar? O ¿Qué hacer? Son interrogantes diarios que nos llevan a tomar ciertas determinaciones que nos afectarán positiva o negativamente.

El consejo, la enseñanza que necesitamos recibir para desenvolvernos efectivamente; podemos recibirla del cielo. La experiencias de otros puede (algunas veces) ser productiva para nosotros, pero cada situación necesita ser enfocada con una óptica superior a la del hombre, a fin de poder hallar la Verdad que accionará la respuesta correspondiente para cada caso.

Buscar la dirección de Dios es más que obtener la información que necesitamos. Es también, rendir todo nuestro yo para declararnos ignorantes ante la grandeza de Su sabiduría. Nuestro carácter es sometido a la perfecta voluntad del Padre. Reconociendo que todos y cada uno de nuestros sentidos nada conocen y que deben estar sometidos a la guía de su Espíritu.

En la quietud es cuando vemos por el Espíritu lo que Él ve. Comprendemos cómo opera Su perfecta voluntad. Y entonces, obramos con entendimiento y sabiduría.

Le estamos diciendo al Señor: «¡Nada conozco! ¡Se Tú mis ojos! ¡Guíame hacia tu Verdad! Y hazme fuerte para prevalecer haciendo tu Voluntad aunque tenga que ir contra la corriente del mundo...»

En la quietud es cuando vemos por el Espíritu lo que Él ve.

El silencio: Llave para **mantener nuestros Pensamientos y nuestra Lengua bajo control**

La voz de nuestra mente continuamente nos está controlando o al menos eso intenta. Y es imperioso conocer cómo pensamos con respecto a lo que Dios piensa. ¡Y cómo nosotros hablamos con respecto a lo que Dios dice!

La voz de nuestra alma jamás calla, a no ser que hayamos logrado detenernos para escucharla, conocerla y entonces, sujetarla a la voluntad de la Palabra de Dios. Y en la misma presencia del Señor, en la quietud, es que descubrimos cómo nuestra mente quiere desenfocarnos de Él para enfocarnos en nosotros mismos o en alguna otra cosa.

Descubrimos cómo nos lleva a autojustificarnos y hasta hacernos creer cuán buenos somos! Sin embargo, cuando nos enfocamos en Jesús, es que logramos conocer nuestra propia realidad interior y somos alumbrados por la Palabra de Dios para salvación.

En la quietud de Su presencia es que aprendemos a hablar verdad, a callar, a esperar, a ser enseñados y a recibir revelación (la verdad oculta) de todo. El silencio en Su presencia actúa como un espejo que refleja lo que somos, el motivo real que nos lleva a decir lo que decimos, y el origen de nuestras acciones.

Permanecer en la quietud de Dios hace que toda necedad sea destruida. Que el sentido verdadero de las cosas sea ordenado, de manera que alcancemos madurez espiritual para que nuestra vida refleje un testimonio veraz del gobierno de Cristo sobre nosotros.

Le estamos diciendo al Señor: « *¡Por favor, alumbra mi interior para que conozca como soy! ¡Cuánto necesito entregarte de mi ser para ser cambiado! Necesito conocerme a mí mismo para seguir tu Verdad y así caminar con sabiduría, llevando cautivo todo aquello que todavía debe morir...!* »

¡Estad Quietos...!

Saber estar quietos es un arte que tiene que ser aprendido. Todo a nuestro alrededor es trajín, demasiada actividad; mucho movimiento. Sin embargo, es menester que en medio de la actividad inquietante aprendamos a estar pasivos. Es en la quietud donde somos fortalecidos para las pruebas diarias. Donde escuchamos la dulce voz de Dios que quiere hablarnos. Y así nos dice Él: «*Estad quietos y sabed que yo soy Dios*».₇

Una vez una maestra salió un día con sus niños al bosque. Disfrutaron de gran felicidad, pero en la tarde, a la hora del regreso, todo se ensombreció cuando se dieron cuenta que una niña se había extraviado. Todos se movilizaron: patrullas, grupos voluntarios, individuos, cada uno por su lado; pero todo fue en vano. Al cabo de algunos días la dieron por perdida. Sin embargo, su padre continuaba en su búsqueda. Al fin la encontró dentro de una cueva, cubierta de pajas. Así fue como ella pudo resistir doce días. Todo se explicó: cuando se sintió perdida se metió en esa cueva y se mantuvo tranquila. Salía sólo a tomar agua a un arroyo cercano o cuando una necesidad física le impelía. Cuando le preguntaron si sintió miedo en algún momento, respondió: «No, porque yo sabía que mi papito me habría de encontrar».

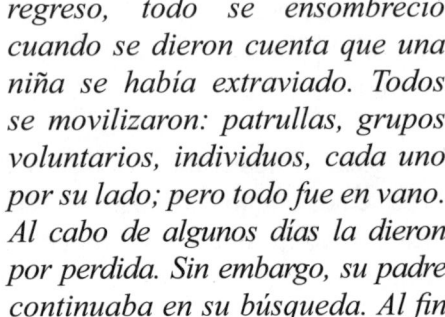

"Estad quietos y sabed que yo soy Dios"

Aunque muchas, sean las veces que experimentemos como si estuviéramos perdidos en el laberinto de la vida, sepamos que Dios, nuestro amoroso Padre celestial siempre sale en nuestra búsqueda. Por esto, permanezcamos templados para que Él pueda vernos. Nuestra fortaleza está en permanecer reposados en Su presencia. Tranquilidad, no es dejadez, ni abandono; sino confianza, seguridad o si se quiere: callada vigilancia.

A Solas con Dios

A veces nos es oportuno planificar unos días separados, para tener un encuentro o cita a solas con nuestro Dios. El sinónimo de *cita* es llamada en la Biblia «*convocatoria*». Me gustó mucho encontrar el sinónimo de la palabra *cita* en francés, que es «*rendezvous*» y quiere decir «*presentarse uno mismo*».

Esto es justamente, lo que ocurre cuando usted planifica una cita con su Esposo Celestial, y se presenta ante Él; esperando también que Él se encuentre allí con usted. La palabra «*rendezvous*» deriva del francés *rendre*, que quiere decir «*entregar*». Esto significa entonces que, *cuando usted y yo tenemos una cita, nos entregamos a nosotros mismos a la otra persona. ¡Cuando nos encontramos para intimar con Dios, lo hacemos para entregarnos sin reservas!*

Separar tiempo para tener comunión con Dios y estar en quietud delante del Amado, es tan importante o más que cualquier otra actividad o compromiso que el hombre pueda tener en el diario vivir. Siempre estamos tan ocupados, corriendo de un lugar para otro, creyendo que estamos haciendo mucho; ignorando que hemos sido engañados. Por lo general, las muchas ocupaciones siempre nos privan de cumplir con el verdadero propósito de Dios. O nos ocurre, que el enemigo logra hacernos creer que estar comprometidos en muchas actividades es productivo, cuando en realidad, puede llevarnos a un agotamiento físico.

Es cuando estamos a solas con Él, que resultamos más eficaces en todas las tareas de nuestra vida. Cuando entregamos nuestras cargas y preocupaciones es que podemos estar mejor enfocados en lo que es necesario y no en lo que debemos hacer. Las prioridades se ordenan, y la paz y el gozo vuelven para rejuvenecernos como el águila.

Necesitamos establecer y crear un plan diario considerando las prioridades de nuestra vida. Apartar un tiempo diariamente para sentarnos y conversar con nuestro Padre celestial. Es un privilegio contar con la misma presencia del Señor para ayudarnos, acompañarnos, renovarnos, sanarnos y para enseñarnos.

Rompa el hábito de estar pensando y hablando solamente de los problemas. El permanecer en este círculo de pensamientos, nos mantiene bajo estrés y nos aleja de la paz.

¡Zambúllase en la presencia del Espíritu Santo y abandónese en Él! Sea una nueva persona en Cristo y viva cada día con las fuerzas y el poder que nuestro Padre Dios desata sobre todo aquel que tiene hambre por Su presencia….

Capítulo 5

Divina Paternidad

«En otro tiempo ustedes estaban muertos en sus transgresiones y pecados, en los cuales andaban conforme a los poderes de este mundo. Se conducían según el que gobierna las tinieblas, según el espíritu que ahora ejerce su poder sobre los que viven en la desobediencia. Pero Dios, que es rico en misericordia, por su gran amor por nosotros, nos dio vida con Cristo, aún cuando estábamos muertos en pecados. ¡Por gracia ustedes han sido salvados!»[1]

A menudo, Jesús se dirigía a la muchedumbre a través de parábolas, narraciones simbólicas con verdades espirituales ilustradas por un hecho real o posible. Sin lugar a dudas, una de las historias más conocidas es la del *hijo pródigo*; pues ella se concentra, principalmente, en el padre quién representa la compasión de Dios, exaltando su reacción frente a sus hijos.

En esta historia bíblica veremos el paralelismo que existe entre el padre, un hombre rico, dotado de un corazón amplio, lleno de amor generoso y franco para con sus dos hijos; con la imagen de Dios. Y a través de sus hijos, cómo es representada las dos diferentes posturas que asume la humanidad.

El hijo mayor, posee un carácter tranquilo, cumple con los deberes de una vida jornalera, en una marcha honesta y virtuosa, según el hombre. Y el más joven, paradójicamente, parece tener un temperamento muy distinto. El es apasionado, con mucha actividad, le gusta lo variable; y se siente atraído hacia lo lejano, lo extranjero. El mayor describe el pecado en su aspecto refinado; el más joven, el pecado en su aspecto grotesco.

El pecado es un dominio de corrupción sobre el hombre, que según cada persona, se manifiesta de manera diferente. Lo que llamamos virtud puede ser realmente orgullo, y lo que el hombre comprende por benignidad, puede no ser más que adulación o cobardía. La educación no puede cambiar la naturaleza pecadora; como en el caso de Judas, quien a despecho del trabajo de amor del Maestro perfecto, se convirtió en el «hijo de perdición».[2]

Y es a través de la actitud de uno de los hijos, que esta historia se convierte en un espejo para muchos, al manifestar una petición inadmisible: «*Y el menor de ellos dijo a su padre: Padre, dame la parte de los bienes que me corresponde...*».[3]

Sería oportuno que cada uno de nosotros halle en cierta medida, la imagen de ese hijo pródigo en nuestra propia experiencia, de otra manera, el sentido excelso de esta parábola quedaría ignorado por completo. Participando de las riquezas de la casa paterna, este hijo decide probar vivir bajo su propia independencia; creyendo que a través de su voluntad desenfrenada, su parte de la herencia es su camino a la libertad! No comprende y rechaza el amor de su padre. Considerando a su parecer, que su casa no puede satisfacer el vacío de su corazón. Al igual que muchas personas en el mundo, viven en un constante descontento y murmuran contra Dios.

¡Que desdichado es aquel que cree que quien goza de todas sus codicias, y de todas sus pasiones, es verdaderamente libre! Pues, ignora que aquel que comete el pecado de vivir independiente de Dios, se transforma en esclavo de su decisión. La única y verdadera libertad es aquella que experimentamos al vivir bajo los mandatos de Dios, quien los ha creado para preservarnos del mal.

La única y verdadera libertad es aquélla que experimentamos al vivir bajo los mandatos de Dios

«*...Y les repartió los bienes*».[4] Imagino la palidez en el semblante apacible de este padre, quien experimentó por la inmadurez; un

atropello feroz a sus emociones más puras. El corazón de su hijo prefiere irse a cualquier país desconocido, para vivir lejos de los cuidados del amor paternal. Y sin ninguna oposición, evitando dar lugar a algún acto de violencia, el padre otorgó dicha pretensión. Un hombre puede hundirse más profundamente en el pecado que otro; pero en el momento que nos desviamos de Dios, somos ya completamente malos!

« *Quien se tiene a sí mismo como su propio maestro, cosechará de su propia arrogancia...*»

Y el hombre natural es como el hijo pródigo: confía en sus propios planes y se arruina así mismo. Desconociendo que su alejamiento de Dios, lo acerca (inevitablemente) a la esclavitud de Satanás.

Con lágrimas en sus ojos y su corazón quebrantado, el padre no impidió que su hijo menor se marche; sino que esperó cada día a que el muchacho regresara. ¡Imagínese! Haberle pedido la parte de su herencia, fue como pedir que su padre se muriera! De la misma manera, Dios ha dado Su riqueza (su Hijo) a un mundo de personas perdidas y ellos la han desperdiciado!

«*No muchos días después, juntándolo todo el hijo menor, se fue lejos a una provincia apartada; y allí desperdició sus bienes viviendo perdidamente*».[5] Quizás aquella mañana de primavera habrá sido muy bella, junto al sonido alegre de los pájaros y al aire perfumado por las flores. El día que el joven se preparó gozoso y con mucho valor emprendió su viaje. Con su paso ligero dejó atrás a su familia, sin pensar en nadie más que en él; no pudiendo evitar que su padre lo siguiera desde alguna ventana con sus ojos cubiertos de lágrimas, hasta que desapareció en el horizonte. Su ilusión por la independencia le deparaba su propia destrucción, bajo las artimañas de una vida corrupta y libertina.

«*Y cuando todo lo hubo malgastado, vino una gran hambre en aquella provincia, y comenzó a faltarle (todo)*».[6] Sus últimos objetos de valor son vendidos, también sus vestidos que no son de necesidad urgente por la comida indispensable. El hambre y el desespero llaman a su puerta como mensajeros enviados por Dios. Sus «amigos» desaparecieron cuando este entró en crisis financiera. En realidad, su simpatía no era más que adulación y falsedad. Su interés estaba condicionado por lo que les podía, este muchacho brindar. Como muchos que son rebeldes e inmaduros, él deseaba ser libre para vivir a su antojo. ¡Pero necesitó llegar a lo más bajo para recobrar el sentido!

«Así que fue y consiguió empleo con un ciudadano de aquel país, quien lo mandó a sus campos a cuidar cerdos».$_7$ ¡En su hogar él desechó la benignidad de la voz y el amor de su padre, y ahora está obligado a encorvarse bajo el yugo humillante de un extranjero que lo menosprecia, quien no le confía más que sus cerdos! Él quiso ser su propio maestro y se transformó en un prisionero de su rebeldía. Él deseaba libertad, pero no llegó a ser más que el encargado de un trabajo inmundo. ¡Qué imagen reveladora de la humanidad! Pues, los hombres no quieren obedecer al Dios de amor, pero se inclinan bajo la tiranía de Satanás!

«Tanta hambre tenía que hubiera querido llenarse el estómago de la comida que daban a los cerdos, pero aún así nadie le daba nada».$_8$ ¡Qué situación tan desesperante! Pero, ¿se puede caer tan bajo? ¡No sólo tuvo que cuidar de los cerdos, sino que también deseó su comida! Esto muestra lo que ocasiona hacer nuestra propia voluntad. Su deseo manifiesto por saciar su gran necesidad expuso su miseria. ¡Qué degradación! ¡Tener aspiraciones análogas a las de los animales más viles!

«Y volviendo en sí, dijo: ¡Cuántos jornaleros en casa de mi padre tienen abundancia de pan, y yo aquí perezco de hambre!».$_9$ «*Volviendo en sí...*» es una frase griega que se usaba para referirse a «alguien que recobraba la razón después de un período de locura». Cuando el hombre se vuelve indigno, es cuando el Espíritu Santo alumbra su entendimiento para exponer su condición a fin de que se arrepienta. Notamos también, cómo el padre está presente en el recuerdo su hijo en el lejano país. La remembranza de su casa paterna,

Cuando el hombre se vuelve indigno, es cuando el Espíritu Santo alumbra su entendimiento para exponer su condición a fin de que se arrepienta.

su vida pacífica, segura y bendecida no puede evitar compararla con su actual condición.

¿Dónde ha quedado su dignidad? ¿Dónde está el heredero de la casa paterna? Pues, el gozo del pasado se ha convertido en una desolación en su hora presente!

«*Tengo que volver a mi padre y decirle: Papá, he pecado contra el cielo y contra ti*».$_{10}$ Son las palabras de arrepentimiento por su mala decisión, por su arrogante orgullo quien lo condujo a creer que podía sobrevivir a su manera. La transformación en su corazón resultó en un cambio sobre su conducta, alineando sabiamente su determinación. Pues, el deseo de regresar (de volverse en sí) que abraza en su corazón; manifiesta que la transformación se ha producido! Bienaventurado el hombre que, después de una vida de vanos esfuerzos y de luchas estériles; halla otra vez en el fondo de su corazón el deseo de acercarse a Dios. Bienaventurado aquel que reconoce que toda su perdición es a causa de su alejamiento de Dios. Dichoso es aquel que toma la firme decisión de volverse a su Padre, diciendo: «*Porque mejor es un día en tus atrios que mil fuera de ellos: escogería antes estar a la puerta de la casa de mi Dios, que habitar en las moradas de maldad*».$_{11}$

El hombre natural se esconde detrás de un cortinado de buenas obras, pretendiendo que no hace mal a nadie, que da a los hombres lo que les debe. Y de este modo, procura olvidar el hecho de que ningún acto en su vida tiene como objetivo glorificar a Dios; que su vida es vana y que se encuentra privado de las bendiciones de su Hacedor. El hombre que quiere establecer su propia justicia está ciego en cuanto a las exigencias de la Justicia divina. Si los hombres no le acusan, él se siente satisfecho. Sin saberlo, es esclavo del orgullo, del odio, del egoísmo, de la envidia…; que van contaminando su corazón. Ocupado para que su reputación sea irreprochable; ignora que, en la presencia del Rey, nuestras obras desaparecen, y sólo queda nuestra alma desnuda, desprovista de cualquier excusa humana!

«Cuando en nuestro arrepentimiento intentamos hacer obras para obtener Su favor, estamos insultando a la persona de Dios y a Sus intenciones...»

«Padre, he pecado contra el cielo y contra ti, y ya no soy digno de ser llamado tu hijo»₁₂, es el profundo dolor por la convicción de su pecado; que le quema en su corazón. Pues, el remordimiento por su desprecio al consejo amoroso de su padre, le es insoportable y con lágrimas reconoce su ingratitud y su arrogancia. Sin olvidarnos, ¡cuánto ha tenido que sufrir el padre durante su alejamiento! En su camino de regreso, este joven arrepentido tiene la sensación como si algo le quemara debajo de sus pies, entonces, apresura su paso deseando tener alas para atravesar la distancia que le resta. Y arrojarse a los pies de su querido viejo, en profundo arrepentimiento y quebranto. Pues, este hijo pródigo desconoce que ha sido favorecido por encontrar a su padre aún con vida, dado que otros han hallado su casa paterna vacía; porque sus padres no han sobrevivido a la gran tristeza de su alejamiento; y el dardo del remordimiento ha quedado en sus conciencias para siempre. Si este es su caso, ¡levántese ahora mismo y haga algo por restaurar su relación como hijo!

«... *trátame como si fuera uno de tus jornaleros*»₁₃ son las palabras de un hijo inmaduro, que cree que en su arrepentimiento debe hacer obras para el padre o servirle para obtener su favor. Y esto mismo hacemos con nuestro Padre Dios cuando al arrepentirnos, ignoramos que esta actitud nuestra va en contra de Su amor y de Su gracia; que es un insulto a Su corazón y a Su intención.

Su arrepentimiento era correcto, no su comprensión de la Gracia. Si bien es cierto, que cuando el hombre reconoce su culpabilidad, pecado o error; el mismo desciende de lo alto de su estima propia. También es cierto, que el perdón de Dios es un regalo inmerecido que debemos aceptar sin cuestionar; porque se trata de la demostración de Su misericordia para con el pecador. Y esta Gracia divina no está condicionada por la gravedad de nuestro pecado; pero sí puede estarlo cuando la libertad que produce Su perdón, no halla credibilidad en nosotros para que vivamos en Su paz y en comunión perfecta con Él.

El padre jamás nos verá como «jornaleros»; sino como a «hijos». El padre jamás nos impondrá el yugo de la servidumbre. Por el contrario, Él se entregó a sí mismo para libertarnos de él.

El perdón de Dios es un regalo inmerecido que debemos aceptar sin cuestionar

«*Y levantándose, vino a su padre. Y cuando aún estaba lejos, lo vio su padre, y fue movido a misericordia, y corrió, y se echó sobre su cuello, y le besó*».₁₄ No sólo recibió convicción de su pecado sino que se propuso revertir su situación. La voluntad de Dios es cumplir la obra que Él ha comenzado en nuestras vidas, pero la voluntad del hombre, por lo general, es quien pone a menudo obstáculos. Pero este joven hijo pródigo venció todos los estorbos en su camino hasta llevar a cabo lo que se había propuesto: ¡*volver a su padre*!

Las artimañas del enemigo, la vanidades del mundo, su orgullo y el temor no fueron más que dardos venenosos para se volviera de su determinación. Sin embargo, su objetivo no halló nada que pudiera estar al mismo nivel de su resolución para detenerlo!

«*...todavía estaba lejos cuando su padre lo vio y se compadeció de él; salió corriendo a su encuentro, lo abrazó y lo besó*».₁₅ Con su paso inquebrantable y su cabeza baja, el hijo se dirige a su casa paterna. Seguramente, habrá tenido que soportar las miradas prejuiciosas de los vecinos que le conocían desde pequeño. Mientras que allí, en el hogar donde lo vio nacer, se encontraba su padre enfrentado con la voluntad determinante de su hijo, quien jamás se negó a abrigar la esperanza de su regreso. Al igual que Dios, quien nos ama de manera persistente y con fidelidad. Pues, Él nos buscará siempre para darnos oportunidades sin obligarnos a ir a Él. Como este padre, ¡Dios nos espera con ansias, deseando que volvamos en sí!

Su mirada nunca dejó de detenerse, en el camino que vio a su hijo partir. Pero un día, seguramente como todos los días, mientras lo esperaba (como siempre) llegar, en la lejanía; descubrió la silueta de un hombre vestido con harapos. Y dicen las Escrituras que «*el padre al verlo se compadeció de él y salió corriendo a su encuentro*». Y aunque en el oriente es inusual que los hombres mayores corran; el padre no pudo evitar alcanzarlo para abrazarlo. Corriendo el riesgo aún de ser él también apedreado hasta la muerte, dado que su hijo había deshonrado a su familia y a su pueblo.

El Señor nos enseña en su Palabra de qué manera Él nos ama: «*¿se olvidará la mujer de lo que dio a luz, para dejar de compadecerse del hijo de su vientre? Aunque olvide ella, yo nunca me olvidaré de ti*».$_{16}$ Todo juicio despectivo sobre cualquier pecador nos revela el abismo que nos separa del amor que Dios siente hacia el hombre, el ser más corrompido!

«*Pero el padre dijo a sus siervos: Sacad el mejor vestido, y vestidle; y poned un anillo en su mano, y calzado en sus pies.*»$_{17}$ «*porque este mi hijo muerto era, y ha revivido; se había perdido, y es hallado. Y comenzaron a regocijarse*».$_{18}$

El padre al verlo se compadeció de él y salió corriendo a su encuentro

«*Sacad pronto el mejor vestido, y vestidle...*» representa a Cristo el Hijo quien es la justicia que satisface a Dios, la cual cubre al pecador arrepentido. El mejor vestido reemplazó los harapos del hijo pródigo.

«*Poned un anillo en su mano...*» representa al Espíritu de Dios que sella al creyente cuando éste acepta acercarse a Dios.

«*Y sandalias en sus pies...*» ilustra el poder de la salvación de Dios que separa a los creyentes para vivir para Dios.

Tanto el anillo como las sandalias eran señales de un hombre libre. Ligados al vestido sobre su cuerpo, permitió al hijo pródigo estar, nuevamente, al mismo nivel de su padre rico. Y lo capacitó para entrar en la casa de su padre y festejar con él.

«*El gran amor de Dios busca y halla pecadores, sin importar la razón de su perdición...*»

Sin embargo, esta historia nos relata que el hermano mayor se enojó. Podríamos decir que el hijo pródigo simboliza a los publicanos y pecadores, mientras que el hijo mayor representa a los escribas y fariseos. Existen pecados del espíritu como los pecados de la carne. $_{19}$ Y aunque, quizás, ninguno de nosotros haya hecho lo que el hijo menor, somos igualmente pecadores; culpables de un espíritu de crítica, de orgullo, sin la disposición de perdonar, sin nada de amor.

Su furia se debía al regreso de su hermano y a la actitud incomprensible de su padre, quien no sólo lo recibió sino que también lo perdonó. Tal cual como les ocurrió a aquellos religiosos que se quedaron fuera del gozo y de la comunión de quienes fueron perdonados por Jesús. Notamos, que el padre no sólo buscó al hijo menor sino también al mayor. Y aunque es verdad que el menor se dejó llevar por su egoísmo; así como el padre, Dios en su gran amor busca y halla pecadores, sin importar el porqué de su perdición!

El hijo mayor prefirió quedarse fuera, no ser parte de esta celebración; humillando con esta actitud a su padre y a su hermano arrepentido. Este hijo mayor, como aquéllos líderes religiosos, creyó que era salvo debido a su conducta ejemplar; sin embargo, la realidad es que se encontraba fuera de la comunión del padre y necesitaba arrepentimiento y buscar perdón. Su obstinación sólo logró que se alejara del amor de su padre, como su hermano menor, cuando neciamente lo rechazó!

Quién de nosotros, no puede evitar el sentirse identificado, en alguna manera, con la actitud de alguno de estos hijos. Y sin importar en qué hayamos fallado, debemos levantar nuestra mirada a Aquel, que como este padre, no deja de esperar el día de nuestro reencuentro con Él. Quizás estemos muy ocupados, entretenidos con nuestras funciones; ignorando que hemos cambiado nuestra dignidad de hijos de Dios por los harapos que ofrece el mundo.

¿Será, que como el joven hijo, estaremos deseando lo que es maldición? ¡El «placer» que experimentan los que viven en libertinaje, la apatía por lo que al otro le ocurre, la negación a una vida separada para Dios...! ¿Habremos caído tan bajo, sin darnos cuenta, a la altura de lo impuro? Lo importante es que sepamos que nuestro Padre Celestial espera por cada uno de nosotros con inmensa pasión. Su diestra no ha dejado de ampararnos aunque hayamos tomado un camino que nos mantiene alejados de Él.

Mire a través del Espíritu y despierte a la realidad contraria que como hijos de Dios podemos estar viviendo! ¡Sacúdase el polvo del pecado y determínese emprender su viaje de regreso ahora! Sin importar en qué parte del camino se encuentre o hasta donde halla llegado. Lo único que es menester, es que el hijo que se había perdido, ¡reviva! ¡Sea hallado! ¡Sea vestido, sellado y calzado nuevamente, como un hijo del Rey! El cielo espera por su regreso, porque no habrá celebración hasta que usted regrese!

Capítulo 6

Fresca Unción

«Pero la unción que vosotros recibisteis de él permanece en vosotros, y no tenéis necesidad de que nadie os enseñe; así como la unción misma os enseña todas las cosas, y es verdadera, y no es mentira, según ella os ha enseñado, permaneced en él».[1]

Sentir el fuego de Su presencia es posible, pero es necesario pagar un precio. ¿De qué manera? Manteniendo nuestras copas limpias, evitando contristar al Espíritu Santo quien mora en nosotros. El fuego, la santa unción, su manifiesta presencia y todo aquello que podremos experimentar en Él, demandan una misma paga: *¡la muerte de nuestro yo!*

No es con dinero, sino a través de nuestro sometimiento voluntario a vivir comprometidos con la Verdad. Buscar su fuego, su unción demandará la rendición absoluta de todo nuestro ser. Ocasionando, inevitablemente, un proceso de quebranto. ¿El rompimiento de qué? De nuestros derechos, ambiciones, carácter, principios y actitudes; aún de aquéllos hábitos que creemos no del todo nocivos pero que sí son ofensivos delante de su santidad.

Existe un «grado más profundo» de acercamiento y compañerismo con Dios. Es como *un escalón más cercano a su trono y uno más lejano a lo trivial*. No está mal servir al Señor y ser usados por Él como la mayoría. Pero existe un «nivel», «una medida de compromiso» con Dios y nuestra vida, donde la exigencia es absoluta y no se nos permite estar «vivos». Solicitud que abraza infinidad de bendiciones y oportunidades que no se hallan en otra medida de consagración.

Cuando profundicé detenidamente en el libro de Gálatas, capítulo 5 (el fruto del Espíritu), al hacerlo con gran expectación por conocer más de su presencia, con hambre por buscar su rostro, humillando todo mi ser para que su fuego ardiera más en mí; fue entonces cuando comprendí, que Él no lo hace todo sino que nos deja una parte a nosotros por hacer. Nos muestra el camino y nos deja escoger. Pero tan prontamente, como emprendamos nuestra búsqueda de Él, debemos saber que seremos confrontados con la voz de nuestro «yo» quien expondrá sus argumentos, sus ideas, decisiones y deseos. Porque «el tratar de» indica que «nuestro yo» está en control. Y mientras estemos nosotros al mando, «nuestro yo» gobernándonos; Jesús estará impedido para glorificarse!

Ungir significa «*untar algún objeto con alguna sustancia. Ungir con el propósito de apartar a alguna persona u objeto para algún ministerio o función. Ser ungidos para un oficio*». Entonces, poseer la unción del Santo, indica que ésta unción nos hace santos, separados (apartados) para Dios, capacitando a los creyentes para poder poseer un conocimiento de la Verdad. Es también, la impartición del Espíritu Santo, arropándonos con sus características, cualidades y con sus virtudes. Nos frota, nos unge con su personalidad y carácter; directamente a nuestro espíritu.

En hebreo la palabra *ungir* es «Mashaj» que significa *frotar*. Y en griego, la misma palabra es «Chrisma» que significa *untar*. Y la palabra *poder* en griego es «Dunamis» que significa *la habilidad de obtener resultados*. En otras palabras, esto significa que cuando somos *ungidos* (separados) mediante la persona del Espíritu Santo, somos cubiertos, untados, envueltos, frotados con la habilidad de Su poder para hacer su obra. El aceite (símbolo de la unción) que es frotado en nosotros, es absorbido por nuestra piel (nuestra humanidad) provocando una transformación desde adentro hacia fuera. La unción es el poder de Dios que ha sido depositado en nuestro interior a través de la persona de su Santo Espíritu.

La unción es el poder de Dios que ha sido depositado en nuestro interior

Así, como cada pastor en el medio oriente, unta a sus ovejas con aceite de oliva para protegerlas de las moscas; de manera similar, en lo espiritual, el estar ungidos con el aceite de la santa unción, nos permite vivir protegidos de los demonios (Beelzebú, cuya traducción significa *el señor de las moscas*).

Necesitamos un Balance

Existen personas que se enfocan mucho en el carisma, y poco en el carácter. Cuando en realidad, lo que sostiene al carisma es el carácter. ¿Qué es carisma? Es el conjunto de habilidades y dones dados por Dios, por los cuales no tuvimos nada que hacer para recibirlos. Y ¿Qué es carácter? Es lo que somos interiormente, lo que pensamos y hacemos cuando estamos solos. Además, es la manera de reaccionar cuando estamos bajo presión, tanto en público como en privado; la actitud que tenemos cuando nos maldicen y critican.

El carácter de una persona se manifiesta a través de seis maneras:

1. Los pensamientos.
2. Los valores.
3. Las motivaciones.
4. Las actitudes.
5. Los sentimientos.
6. Las acciones.

Entonces, ¿Cuáles son las actitudes más importantes del carácter para incrementar y fluir así, en la unción del Espíritu Santo?

- Integridad
- Humildad
- Obediencia
- Sumisión
- Pureza
- Compasión
- Denuedo
- Amar la unidad
- Madurez

La madurez no se mide por las acciones sino por las reacciones en los momentos difíciles.

La madurez no se mide por las acciones sino por las reacciones en los momentos difíciles. El carisma o dones es dado, el carácter es desarrollado! Seguramente, usted se estará preguntando, y ¿Cómo se libera la unción? ¿Cómo se activa? Lo primero que jamás debemos olvidar es que ya la poseemos, aunque no sepamos nada acerca de ella. Cuando a usted y a mí Dios nos hizo salvos, Él la depositó dentro de nosotros a través del nombre de Jesucristo; en la persona del Espíritu Santo. Maravillosa habilidad en cada hijo e hija de Dios, que no en todos ha sido desarrollada (desatada) por ignorar cuál es su propósito y sus beneficios.

Cómo desatar o activar la unción:

1. Mediante la fe. Necesitamos creer, vivir y confesar lo que dice su Palabra.
2. Mediante la adoración. La alabanza atrae la presencia de Dios, pero la adoración (mirar su rostro para exaltarlo) desata sus milagros.
3. Mediante la unidad. Incrementar diariamente nuestro compañerismo e intimidad con su Espíritu.

¿Sabía usted, que el Señor nos compara al árbol de olivo? Así dicen las Escrituras: «*Pero yo estoy como olivo verde en la casa de Dios*».₂ El olivo no sólo es uno de los árboles que tienen más larga vida, sino que su verdor es mucho más perdurable. ¿Cómo se obtiene aceite de un árbol de oliva? Pues, con una vara se comienza a sacudir el árbol y se lo golpea con fuerza; para que las aceitunas comiencen a caer. Se recoge las buenas, se desechan las malas, y se las coloca en grandes recipientes. Luego se las machaca (tritura) con una roca y se obtiene de esta manera el aceite deseado.

De esta manera, el Espíritu Santo, sobre quienes ansían intensamente profundizar su relación con Él, comenzará a tratarnos como a estos árboles para que nuestro fruto tenga su sello. Pues, su disciplina provocará que sea sacudido (agitado con fuerza) todo nuestro ser. Quebrantándonos con firmeza hasta que los frutos del Espíritu comiencen a aparecer. Tomará lo bueno y desechará lo malo. Los que haya tomado serán reducidos a fragmentos al golpearlos con una roca (Jesucristo). Para que nuestra forma deje de existir y seamos como Jesús, a fin de entregar frutos de un espíritu diferente; que glorifiquen al Señor.

El aceite de Oliva, conocido como *aceite virgen*, extraído por presión, sin aplicación de calor, recibe el nombre de «como oro».$_3$ Y en el NT se menciona sus usos para...:

- Lámparas, en los que el aceite es símbolo del Espíritu Santo.$_4$
- Como agente medicinal, para tratamiento.$_5$
- Para unción en las fiestas.$_6$
- Para la consagración de los reyes.$_7$
- Como acompañamiento al poder milagroso,$_8$ o de la oración de fe.$_9$

«Su voz susurra nuestro nombre...»

En su espíritu palpita un llamado, un grito desesperado por la presencia de Dios. Todo lo que necesitamos es rendirnos al Espíritu Santo. La inigualable presencia de Dios que transforma nuestra vida, nos llevará a conocer más al Padre, más a nuestro Jesús. Y puedo hablarle de esta manera porque éste es el sentir de mi corazón. Estoy desesperada por Dios, por sentir más al Espíritu Santo. Porque cuanto más lo conozco, más necesidad tengo del Él, más necesidad por conocerle y por experimentar una mudanza espiritual en mí!

Cada vez la intensidad de su amor me persuade a entregarme más a Él. De manera que, lo más profundo de mi ser comprende que nunca más seré la misma; porque estoy siendo transformada por el mismo Señor. En la medida que permitimos al Espíritu Santo tocar nuestras vidas, sentiremos que todo lo que está a nuestro alrededor carece de importancia; porque El está ocupando el primer lugar.

Cuando le decimos al Señor «*úsanos*» le estamos diciendo «*cámbiame*». Algunos batallan con *rendirse totalmente* a Dios. Y lo que tiene nuestro Padre para nuestras vidas, no lo recibiremos si no nos sometemos voluntariamente a Él. El evangelista Dwight L. Moody, fue un hombre que consagró su vida totalmente a Dios, y que vivió comprometido absolutamente con la predicación del Evangelio. Se calcula que le habló a cien millones de personas durante su ministerio. Sin la ayuda de aviones, transportes rápidos, pues todo lo realizó a finales del siglo XIX. Obviamente, lo que él hizo, fue rendirse completamente y clamar a Dios para que lo usara. Lo invito ahora mismo, a pronunciar una oración como la que hizo Dwight L. Moody; como una simple demostración de su sometimiento a Dios:

«Dios mío úsame, Salvador mío úsame para lo que quieras, y en la forma que necesites. Aquí tienes mi corazón como un vaso disponible para ti. Llénalo completamente de ti, llénalo con tu amor y misericordia. Toma mi corazón como tu habitación, y mi boca para expandir tu nombre y tu amor. Yo me rindo a ti completamente, y declaro que tú eres mi Rey y mi Señor».

Él desea ocupar el primer lugar en nuestras vidas. Dios, quien nos dio forma en sus pensamientos antes que el mundo fuese, quien acompañó nuestro desarrollo en la oscuridad del vientre de nuestra madre; plantó en cada uno de sus hijos, sus maravillosos propósitos.

Él desea ocupar el primer lugar en nuestras vidas.

Por eso, cuando usted lo busque, cuando usted le de el lugar que le corresponde porque ha comenzado a necesitarlo con todo su corazón, Él se derramará en su interior. Y entonces será cuando no le costará rendirle su vida, su mente, sus pensamientos, su tiempo, sus planes al Dios maravilloso, al Shaddai, el Dios Todopoderoso.

¿Ha experimentado Su presencia? ¿Necesita una visitación de

Dios en su vida? Solo apártese y búsquelo, y dígale con todo su corazón: "*Señor quiero conocerte*". Es necesario que sepamos que para hallar la presencia de Dios no requerimos hacer esfuerzos humanos. ¡Es el mismo Espíritu Santo quien nos provoca el hambre y la sed que necesitamos para buscarlo! Nos habla a través de un susurro en nuestro corazón, y es en ese momento cuando debemos responder a su llamado, permanecer en quietud delante de Él; para permitir que sea inundado todo nuestro ser con su amor.

Hay momentos en nuestras citas divinas, que anhelamos tremendamente estar tan cerca de Él que deseamos tocar su manto. Por eso, cuando usted escuche el llamado de Dios a orar, no desatienda su susurro sino acuda a su presencia. Quizás no ha experimentado cambios en su vida y su vieja naturaleza está en control, seguramente es porque no ha dedicado tiempo a estar con Aquel que sí puede cambiarlo. El Padre celestial anhela que vivamos bajo su refugio. Pues, Él desea tenernos bien cerca para cambiar nuestro carácter, nuestra manera de hablar, de pensar. ¡Dios necesita cambiarnos!

Dice la Palabra: «*También debes saber esto: que en los postreros días vendrán tiempos peligrosos. Porque habrá hombres amadores de sí mismos, avaros, vanagloriosos, soberbios, blasfemos, desobedientes a los padres, ingratos, impíos, sin afecto natural, implacables, calumniadores, intemperantes, crueles, aborrecedores de lo bueno, traidores, impetuosos, infatuados, amadores de los deleites más que de Dios, que tendrán apariencia de piedad, pero negarán la eficacia de ella; a éstos evita*».[10] A medida que el tiempo transcurre, más notaremos que estamos transitando por tiempos peligrosos o difíciles de enfrentar; como nos anticipan las Escrituras. Los hombres amadores de sí mismos (amor de uno mismo) se convertirán cada día más en avaros, su espíritu jactancioso rechazará el verdadero afecto y se volverán crueles. El desenfreno provocará que nieguen su fe. Serán presa de falsas doctrinas, carentes del poder transformador de Dios. Sus corazones cada día mas saturados del pecado, no evitarán ser arrastrados por sus pasiones, y aunque *siempre estén aprendiendo nunca llegarán a conocer la Verdad.*

La gente, actualmente, participa en actividades religiosas que son vacías. En sus actividades no figura *el vivir una relación verdadera con Dios o con la fe en Jesucristo*. Por esto, no debemos buscar la comodidad sin compromiso. No debemos ceder a las presiones de la sociedad, sino enfrentemos la maldad viviendo como Dios quiere! Hoy es el día, dígale ahora mismo: ¡Señor, enséñame a buscarte! ¡Enséñame a tener compañerismo contigo! ¡Enséñame a vivir contigo! ¡Señor, hoy vengo como un niño a rendirme delante de ti, por favor yo quiero conocerte más!

He descubierto que es necesario desear intensamente **conocerle más y más**. Mientras más lo deseemos y busquemos, más experimentaremos su presencia. La llave es establecer una *completa dependencia* con Dios. Voluntariamente, tenemos que experimentar un rendimiento total, no solamente una vez; sino de manera constante. Se trata de acercarnos a Jesús, de conversar con Él, de adorarlo, de disfrutar su belleza.

La evangelista Kathryn Kuhlman mencionaba muy a menudo otras «*llaves*» del reino: el *quebrantamiento* y el *sometimiento* para permanecer llenos del Espíritu Santo. Y mencionaba continuamente las letras de un himno, y decía así:

> *«Algo de nuestro ser y algo de Él,*
> *Menos de nuestro ser y más de Él,*
> *Nada de nuestro ser, pero todo de Él»*

El cambio más grande y revolucionario que puede suceder en su liderazgo y en su vida, es que ingrese a una nueva dimensión espiritual; y que viva en ella permanentemente. Debe estar expectante y muy receptivo, para recibir la investidura del Espíritu Santo. La finalidad de las Escrituras es el amor intenso y personal por Jesús, poseyendo todo su ser. La doble característica de la iglesia del primer siglo fue el ardiente amor en llamas por Jesús y el rebosante amor práctico de uno por el otro. Expresar el amor toma tiempo. Y el Santo Espíritu ansía dirigirle hacia un amor cada vez más intenso por Jesús.

"«Algo de nuestro ser y algo de Él, Menos de nuestro ser y más de Él, Nada de nuestro ser, pero todo de Él»

Por un momento, oiga al Maestro preguntarle: ¿Verdaderamente me amas? Humillémonos delante de Él. Reconozcamos cuán fríos y negligentes somos cuando nos acercamos para expresarle nuestro amor a Él! Dios mismo está despertando el deseo en usted de llamarlo, buscarlo y pedirle que manifieste Sus misterios en su vida. Porque Él mismo es quien le enseñará las verdades profundas del reino, y se le revelará a sí mismo.

La voz del Creador de los cielos y de la tierra, susurran su nombre porque quiere intimidad con usted! Puede parecer una locura que el hombre pueda hablar con Dios, el Creador de todas las cosas, y que el mismo Dios le conteste. Sin embargo, hace más de dos mil años que a través de Jesucristo el velo se ha roto y sus predestinados tenemos acceso para ocupar el único lugar de privilegio: el de hijos. ¡Es tiempo de despertar! ¡Necesitamos regresar al propósito establecido a principios de la creación: «*vivir bajo la paternidad de Dios*»!

¿Escuchó su voz? ¡Él ahora mismo lo está llamando! ¡Acuda a Su encuentro y abandónese en Su presencia! ¡Todo cambia cuando estamos con Él! ¡Jamás seremos los mismos luego que Su unción se ha impregnado en nuestra piel...!

Capítulo 7

Deleite al Adorarlo

«Atráeme: En pos de ti correremos. El Rey me ha metido en sus cámaras; Nos gozaremos y alegraremos en ti; Nos acordaremos de tus amores más que del vino; Con razón te aman».[1]

Una de las razones más importantes por la que Dios creó al hombre y a la mujer es para que le adore. Pues, su designio divino y la razón de nuestro vivir se intensifican cuando en adoración nos acercamos a Él. Por lo general, la mayoría de las personas que profesan su fe en Cristo, se acercan a Él sólo para pedirle. Necesitando hacer un gran esfuerzo para adorarle, y permanecer en su presencia para contemplar su belleza, grandeza, fidelidad, amor, etc.

¿Está mal que le pidamos a Dios? No, en absoluto. Nuestro Padre celestial se alegra mucho al oír nuestras oraciones para poder contestarlas. Así, cuando un ser querido o un amigo suyo al acercarse a usted le pide ayuda, y usted siente placer al complacerlo en su necesidad. Así, Dios escucha con atención y atiende a nuestro clamor. Sin embargo, Dios mismo también desea oír de nosotros dulces y apasionadas palabras de adoración. Anhela ser besado a través de las palabras que confiesan nuestro amor por Él.

¿Sabía usted, que podemos adorar a Dios sin importar lo que estemos haciendo? Quizás usted esté pensando: *«¡Pero, si comienzo a cantar himnos en el trabajo, el gerente va a pensar que estoy loco!». «¡No puedo comer y cantar a la vez!». «Y, ¿Qué de los momentos cuando es hora de dormir? ¡No encuentro la manera de cantar alabanzas sin que nadie sea perturbado en su dormir!»*. La realidad es que existen muchas maneras de adorar <u>sin entonar un canto</u>. Por cierto, cualquier actividad humana que es lícita puede realizarse como adoración a Dios. De hecho, lo que hacemos es la mejor adoración. El interés de nuestro Padre celestial es que nuestras vidas se vivan como una adoración a Él; más que la perfección de nuestros cantos los domingos por la mañana.

El interés de nuestro Padre celestial es que nuestras vidas se vivan como una adoración a Él

Veamos qué nos dicen las Escrituras con respecto a la adoración: «*Tenemos un altar, del cual no tienen derecho a comer los que sirven en el tabernáculo. Porque los cuerpos de aquéllos animales cuya sangre a causa del pecado es introducida en el santuario por el sumo sacerdote, son quemados fuera del campamento. Por lo cual también Jesús, para santificar al pueblo mediante su propia sangre, padeció fuera de la puerta. Salgamos, pues, a él, fuera del campamento, llevando su vituperio; porque no tenemos aquí ciudad permanente, sino que buscamos la por venir. Así que, ofrezcamos siempre a Dios, por medio de él, sacrificio de alabanza, es decir, fruto de labios que confiesan su nombre. Y de hacer bien y de la ayuda mutua no os olvidéis; porque de tales sacrificios se agrada Dios*».$_2$ Los destinatarios de la carta a los Hebreos eran Judíos que habían aceptado a Cristo como su Salvador; y que vivían bajo la presión de «*regresar a su religión anterior*». Sus familiares criticaban su fe, el gobierno los hostigaba, y sin darse cuenta, la duda había comenzado a golpearlos acerca del valor de seguir a Cristo.

Quizás una de las críticas lanzadas apuntaba a que la adoración en *su nueva religión* era inferior a la judía. Por ejemplo, los judíos tenían templos imponentes; los cristianos se reunían en hogares. Los judíos diariamente sacrificaban animales para Dios; los cristianos hablaban de un sacrificio que ya se había consumado. Los judíos tenían un sumo sacerdote que los representaba ante Dios; los cristianos creían en un Sumo Sacerdote celestial que nadie podía ver. Vivir para Cristo es motivo de controversia. Es causa de crítica. Y aunque vivir bajo su señorío nos convierta en el blanco de los comentarios sarcásticos, nosotros sabemos que la convicción en nuestro interior es más importante que cualquier atracción a ocuparnos por las cosas externas; las cuales perecen.

Se ha preguntado alguna vez: ¿Cuál es el sacrificio de adoración que Dios realmente desea? Existen dos realidades básicas acerca de este tema, que el Espíritu Santo nos revela en el pasaje leído. Vamos a considerarlas:

1. Gracias a Cristo somos beneficiarios de un sacrificio superior.

La adoración en el AT tomaba muchas formas y todas ellas eran muy significantes. En aquella época, era usual que toda una familia de levitas (personas consagradas para diferentes tareas) se dedicara a la música; y que un gran número de sacerdotes se ocupara del servicio a Dios. Teniendo presente que, el centro de toda la adoración era el sistema de sacrificios. Y cada sacrificio representaba una verdad espiritual. Según los reglamentos relacionados con las ofrendas del AT, a nadie se le permitía comer del sacrificio por el pecado ni de la ofrenda por el pecado. Cuya sangre era introducida en el Lugar Santísimo o en el Lugar Santo para hacer propiciación; porque toda la ofrenda debía ser quemada.$_3$

El sacrificio más importante tomaba lugar solamente una vez al año. En el Día de la Expiación, se sacrificaba un carnero. El sumo sacerdote tomaba la sangre de este animal y entraba con ella en el Lugar Santísimo. Era la única vez en todo el año que se podía entrar a este lugar, y sólo el sumo sacerdote tenía la responsabilidad de hacerlo. Rociando la sangre sobre el arca del pacto, cubría los pecados del pueblo y lo protegía (simbólicamente) de la ira de Dios. La carne de este animal no se podía comer; tenía que llevarse fuera del campamento o de la cuidad y quemarse. Ya que era consagrada a Dios.

Pues, los judaizantes hacían énfasis en los alimentos que disfrutaban en sus servicios religiosos. Sin embargo, a través de la Palabra de Dios, comprendemos que lo importante no es comerla (la ofrenda), sino recibir su eficacia. Hoy, la verdadera ofrenda por el pecado es Cristo, quien se ofreció a Dios por nuestros pecados y efectuó la redención (el perdón) por la humanidad; a fin de que pudiéramos disfrutar de la gracia de Dios en Él, bajo el nuevo pacto. Lo que hoy necesitamos no es comer los alimentos de los servicios del antiguo pacto, sino recibir la eficacia de la ofrenda de Cristo y seguirlo en la gracia del nuevo pacto fuera del campamento, es decir, fuera de la religión.

El llamamiento de Dios consiste en hacer de nosotros un pueblo santo, un pueblo santificado para Dios. Cristo es quien nos santifica. Al morir en la cruz, Su sangre es el medio por el cual somos santificados y el camino que nos conduce más allá del velo. Al participar de Él, somos capacitados para seguirlo fuera del campamento en el camino santificador de la cruz.

El llamamiento de Dios consiste en hacer de nosotros un pueblo santo,

Su sangre y Su cuerpo, al entrar al Lugar Santísimo, abrieron camino en la cruz para que salgamos del campamento (la religión) y le sigamos a Él. *Salir del campamento* significa *salir de la religión*, de donde el mismo Jesús fue desterrado. Esto significa que debemos permanecer, vivir bajo el gobierno del Espíritu Santo quien mora en nuestro espíritu; que por la fe en Jesucristo se ha convertido en el Lugar Santísimo.

Cuanto más vivamos en el espíritu, disfrutando a Cristo, más saldremos del campamento de la religión; siguiendo a Jesús en todo. Cuando tenemos relación con el Cristo glorificado, recibimos fuerzas para tomar el camino angosto de la cruz en la tierra; y para llevar su vituperio. *«Fuera del campamento» significa vivir fuera de toda organización humana para disfrutar la presencia del Señor y para oír su voz.* Es extraordinario notar cómo el AT está relacionado con el NT. Jesucristo es el cumplimiento del sistema en el Nuevo Testamento que Dios estipuló para el pueblo Judío y para los gentiles. Y como cumplimiento, ¡Él es superior!

Hoy somos beneficiarios de los tremendos logros de este sacrificio perfecto mediante la fe. Pues, la sangre de Cristo cuando es apreciable a nuestro corazón, nos limpia de todo pecado por medio de la fe. Porque por medio de la fe en Su sacrificio tenemos acceso a la presencia de Dios. Jesús, el hijo de Dios, hizo lo que nadie mas podía hacer. Nadie, excepto Él, tuvo la capacidad de tomar nuestros pecados y pagarlos. Nadie más que Él fue digno para presentarse y entrar a la presencia del Padre; y presentarse a sí mismo en sacrificio. Sólo Cristo nos puede salvar. Su sacrificio nos ha librado de tener que dedicarnos al servicio, al sistema de sacrificios del AT.

Si usted no ha permitido aún que Cristo mediante la fe entre a su vida, lo limpie y sea quien le dirija; hoy es el día para tomar ésta importante decisión. Cristo hizo un sacrificio tan grande, que no sólo lo libra a usted de las «formas externas e insuficientes» para recibir perdón delante de Dios, sino que además, tiene a través de Él, el acceso a la presencia del Rey. Ahora bien, si creemos que Su sacrificio únicamente es para el perdón de nuestros pecados para vivir nuestras vidas ordinariamente, estamos equivocados. Existe otro propósito en Su sacrificio a través del cual Dios espera algo de nosotros. Veamos en el siguiente punto de qué se trata:

2. Por medio de Cristo, podemos ofrecer sacrificios de adoración aceptable a Dios.

Así como en el AT la carne del animal sacrificado debía ser quemada fuera de la ciudad en el Día de la Expiación; así también Jesús murió fuera de la ciudad. La puerta de la ciudad de Jerusalén representa *la esfera terrenal*, mientras que el campamento (repito) representa *la organización humana*. «*Salgamos, pues, a él, fuera del campamento, llevando su vituperio*», es la invitación que el reino de Dios hace a cada uno de sus hijos. Salir del sistema religioso, de donde Jesús fue arrojado, fue rechazado. El Cristo resucitado será hallado fuera de toda forma humana. Lejos de cualquier estructura natural.

Quizás nosotros también tengamos que sufrir el rechazo de quienes nos importan. Puede sucedernos que aún nuestra familia o nuestra cultura no nos entiendan. Pero quienes estamos unidos a Jesús, no podemos rechazarlo a Él para permanecer bajo el yugo de una mentalidad esclava, con la cual opera el hombre. ¡Y ésta determinación es una forma de adoración! La adoración tiene que ver con *valorar una cosa, darle importancia*. Por ejemplo, si valoramos el dinero más que a cualquier otra cosa, quiere decir que estamos adorando (otorgando un lugar de importancia en nuestra vida), convirtiéndolo en el objeto de nuestra devoción (idolatría) para desplazar a Dios.

Adoración tiene que ver con el lugar de importancia en nuestra lista de prioridades que ocupa aquello que recibe nuestra devoción. Por esto, sin importar lo que hagamos, desde lo más pequeño a lo más importante o notorio, todo puede ser adoración para el Señor. No es necesario estar físicamente postrados delante de Él, sino vivir en todo momento amando con nuestros pensamientos, besando con nuestras palabras, y abrazando con nuestros hechos; a la razón de nuestra felicidad, a Jesús nuestro Salvador!

Podemos estar lavando la vajilla, cocinando para los nuestros, trabajando en el jardín o simplemente extendiendo las camas de nuestros amados hijos en adoración a Dios. Motivados por la relación estrecha que nuestro espíritu experimenta con el Espíritu de Dios. Por esto dice: «*frutos de labios que confiesan su nombre*»; porque cada vez que confesamos (declaramos) delante de Dios el nombre de su Hijo amado, estamos ofreciendo alabanza a sus oídos. Por Su nombre nuestra adoración es aceptable al Padre. La persona que no ha aceptado la salvación a través de Jesucristo, es incapaz de complacer a Dios.
Su Palabra nos enseña que la justicia del hombre es como trapos de inmundicia para Él.

No sólo la adoración tiene la intención de glorificar el nombre de Dios en todo lo que hacemos; sino que además, nos capacita para recibir colirio en nuestra visión espiritual. Esto quiere decir que, cuando nos disponemos a fijar nuestra mirada y nuestro corazón en Él, todo cambia porque recibimos el propósito eterno de nuestra existencia. Es decir, mientras trabajamos, comemos, limpiamos, ayudamos a otros, descansamos, caminamos, etc., cada actividad se vuelve en una oportunidad Divina para estar agradecidos todos los días y para sentirnos dichosos porque el Creador de los cielos y de la tierra es con nosotros.

La adoración a Dios nos capacita para recibir colirio en nuestra visión espiritual. Cuando más oscuro sean tus días, mas alabarás profundamente a Dios

Por esto, cada vez que el pueblo de Dios se reúne, en la iglesia, debe tener presente que el Hijo

y nosotros, nosotros y Él, alabamos al Padre juntos en el mismo espíritu. Porque el Hijo, como Espíritu vivificante, alaba al Padre por medio de nuestro espíritu, y nosotros, por medio de nuestro espíritu, alabamos al Padre en Su Espíritu. Ésta es la clase de adoración que el Padre desea recibir.

Quiero mencionar dos expresiones de adoración que Dios desea de nosotros:
La primera dice así: «*Te alabaré con todo mi corazón; delante de los dioses te cantaré salmos. Me postraré hacia tu santo templo, y alabaré tu nombre por tu misericordia y tu fidelidad; porque has engrandecido tu nombre, y tu palabra sobre todas las cosas. El día que clamé, me respondiste; me fortaleciste con vigor en mi alma*».₄

1. La adoración se expresa en reverencia

El salmista David dice: «*Quiero inclinarme hacia tu santo templo*».₅ Inclinarse o postrarse es la actitud de reverencia. Esta expresión es una de las que más comúnmente se usa en el Antiguo Testamento para indicar la adoración. A lo largo de la revelación de Dios, en su Palabra, es resaltado el llamado a postrarnos ante Él en adoración. Por ejemplo, cuando dice: «*Vengan, postrémonos reverentes, doblemos la rodilla ante el Señor nuestro Hacedor*».₆
Es tan importante este aspecto de la adoración, que en la Palabra ha quedado registrado el <u>no arrodillarnos o postrarnos</u> ante cualquiera que no sea el único Dios verdadero. ¿Recuerda, cuando los tres amigos de Daniel recibieron la orden de arrodillarse ante el ídolo que había creado Nabucodonosor? ¡Ellos prefirieron ser arrojados al horno que postrarse ante un «dios» falso!

Es bueno arrodillarnos en la iglesia para expresarle a Dios nuestra reverencia. Pero, me parece mucho más importante la actitud de adoración. Después de todo, podemos doblegar nuestras rodillas sin doblegar nuestro corazón. El significado de tanto énfasis en la Biblia sobre postrarnos ante Dios es mantener una actitud de reverencia hacia Él. Pues, la adoración expresada en reverencia, denota un carácter apropiado, una acción adecuada de la persona que está consagrada a Dios. Sabemos que Dios no vive en la iglesia, que el edificio no es la morada permanente de Dios. Sino, que nosotros somos el templo donde Él vive. La reverencia no es netamente para el lugar, sino para Dios a quien adoramos en ese lugar, reunidos, como su pueblo. Esta reverencia debe originar la primera expresión de nuestra adoración. Por esto, es que desde los niños hasta los adultos debemos aprender cómo conducirnos en el lugar donde estamos reunidos; para no olvidarnos de dar honor a Aquél que nos ha convocado.

Pero existe una expresión complementaria, de igual importancia en el punto siguiente:
Veamos qué nos dice este verso: «*Cantad alegres a Jehová, toda la tierra; Levantad la voz, y aplaudid, y cantad salmos. Cantad a Jehová con arpa; Con arpa y voz de cántico. Aclamad con trompetas y sonidos de bocina, delante del rey Jehová*».[7]

2. La adoración se expresa con júbilo

La adoración a Dios es la fuente del gozo para el creyente. Notamos aquí que, la adoración debe nacer del gozo del Señor para ser en nosotros una expresión de júbilo. Permítame ejemplificárselo de esta manera: «*Cuando un fanático de fútbol observa un partido donde su equipo favorito acaba de hacer un gol y gana el campeonato, ¿Cómo responde? ¿Bosteza? ¿Se duerme? ¿Cambia de canal? ¡Claro que no! ¡Sino que hace un gran escándalo! ¡Grita de alegría! ¡Festeja el triunfo!*». Si alguno de nosotros somos capaces de emocionarnos a tal grado por la victoria de un simple juego, ¿Cómo no nos vamos a apasionar por la victoria que ganó Jesús a nivel espiritual y natural? ¿Cómo podemos sus hijos cantar acerca de la resurrección de Cristo, de su increíble amor por nosotros, del triunfo sobre el pecado y la muerte; sin pasión ni júbilo?

La adoración, además de reverente, tiene que ser manifestada con gozo. Evitar los extremos y permitir que el Espíritu Santo nos guíe. Ambas expresiones son necesarias e importantes para manifestar nuestra gratitud al Señor. Con reverencia podemos acercarnos para buscar Su rostro o gozarnos por Sus maravillas y fidelidad. Sin reverencia podemos perder el objetivo de lo que estamos haciendo y para quien lo hacemos.

¿Cómo podemos expresarle a Dios nuestro júbilo? La Biblia menciona por lo menos dos maneras:

En primer lugar, podemos aplaudir. Batir las palmas (aplaudir) expresa el placer por la provisión fiel de Dios. Por ejemplo, la Palabra dice: «*Aplaudan, pueblos todos; aclamen a Dios con gritos de alegría*».$_8$ A través de los aplausos podemos expresar nuestra alegría al Señor. Cuando palmamos con júbilo expresamos físicamente el gozo a través del canto que invocamos para Él.

En segundo lugar, expresamos nuestro júbilo levantando nuestras manos. Así lo expresan las Escrituras cuando dice: «*Eleven sus manos hacia el santuario y bendigan al Señor*».$_9$ La acción de alzar las manos indica abrir el alma al obrar de Dios. Las manos frente al pecho denotan una postura defensiva; sin embargo, al levantarlas, abrimos nuestro pecho (centro simbólico de la vida), puesto que allí radica el corazón. Recuerdo que, cuando era niña, el día domingo simplemente significaba para mí un deber asistir a la iglesia, que se tenía que cumplir. Iba a la iglesia carente de la comprensión del privilegio que comprende asistir a la casa de Dios. Pero a través del tiempo, he llegado a comprender que la adoración es el mayor privilegio que un hijo y una hija de Dios tiene, ya que es la única actividad que continuaremos en la eternidad. Dado que el cielo es un lugar lleno de adoración, y cuando adoramos podemos experimentar un pedacito de cielo aquí!

La Adoración es Rendición total

La palabra adorar también significa «ofrendar», pues, a través de las Escrituras encontramos que ésta palabra también es sinónimo de la palabra «*sacrificio*» u «*ofrenda*». Esto significa que, de la misma manera que Jesús se entregó sin reservas por nosotros, así debemos aprender a entregarnos en la adoración al Padre. No puede haber adoración a medias. Dios detesta las cosas a medias. Jesús dijo que el primer y más grande mandamiento es: «*y amarás al Señor tu Dios con todo tu corazón, y con toda tu alma, y con toda tu mente y con todas tus fuerzas*».₁₀ Notamos que el común denominador en este versículo es «**Todo**». Exactamente como la ofrenda era consumida «**toda**», Dios lo quiere «**Todo**». Él quiere un sacrificio total, una rendición total.

El cielo es un lugar lleno de adoración

En la adoración no sólo entrego mi canto, también entrego mi cuerpo, mi voluntad; mi ser por entero. Todo lo que poseo y lo que soy. El verdadero adorador es aquél que se ha rendido totalmente a Dios, sin reservas, sin medida. Cuando Dios tiene nuestro corazón lo tiene todo de nosotros. Pero mientras Él no posea nuestra alma no puede recibir adoración. Por esto el profeta Samuel dijo: «*Ciertamente el obedecer es mejor que los sacrificios (adoración) y el prestar atención que la grosura de los carneros*».₁₁ El verdadero adorador lo rinde todo porque confía plenamente en su Señor. Y ésta confianza le permite obedecerle a Dios en todo.

¿Recuerda, cuando Dios le dijo a Abraham?: «*Toma ahora a tu hijo, tu único, Isaac, a quien amas, y vete a tierra de Moriah, y ofrécelo allí en holocausto sobre uno de los montes que yo te diré*».₁₂ Sabemos que Dios no deseaba que matara al muchacho, sí deseaba conocer si Abraham se había convertido en un adorador íntegramente; en una persona obediente hasta la muerte. Es fácil adorar al Señor sólo de labios, pero cuando se trata de rendirlo todo, no todos están dispuestos.

Jesús hizo referencia a este tipo de adoradores, cuando dijo: «*Este pueblo de labios me honra; mas su corazón está lejos de mí. Pues en vano me honran...*».₁₃ La frase «*me honran*» en otras versiones se interpreta como «*me adoran*». En otras palabras, Jesús está diciendo: «*No puede haber verdadera adoración si tu corazón está lejos de mí*». Es decir, si sus pensamientos están en otras cosas, si ha rendido su alma a otros amores no puede rendir verdadero honor al Señor. El reino celestial no se rige por tradiciones sino por mandamientos. El vivir obsesionados por las obras externas inevitablemente impedirá la formación del nuevo carácter en nosotros. El propósito de su Palabra es transformar la extraviada condición de nuestro corazón, no tan solamente la expresión de nuestros labios. Por esto, Jesús dijo: «*Porque donde esté vuestro tesoro, allí estará también vuestro corazón*».₁₄ Porque cuando el Señor es nuestro tesoro, en Él está nuestra vida. Es entonces, cuando podemos ofrecer genuina adoración

Algunos adoran a Dios como los de Atenas, que poseían un altar «*al Dios no conocido*». A quien adoraban, les era desconocido. Entonces, ¿Cómo puedo adorar a alguien que no conozco, a cuya persona ignoro? Si adoración es entrega total, confianza y obediencia, ¿Cómo puedo adorar a un Dios con el que no me he relacionado lo suficiente para conocerle? Todavía sucede que muchas personas «adoran» a Dios sin conocerle. A pesar de que han entregado sus vidas a Él, tienen vida eterna y el cielo los espera. Desconocen a Aquél a quien le pertenecen porque carecen de una relación cercana e íntima con Él.

<u>La adoración pública no es intimidad</u>. La adoración pública debe ser el reflejo de la adoración en lo secreto. La adoración íntima se da en la intimidad de mi corazón y de mi habitación. Qué pensaría usted, si un hombre en la intimidad nunca le dice a su esposa que la ama, nunca le muestra afecto, de hecho la ignora y la trata mal. Pero en público la trata maravillosamente. Todo tipo de halagos y cariños salen de sus labios cuando la gente los ve. ¿Pensaría que este hombre es un hipócrita, verdad? Concluiría que sólo pretende aparentar cuando es visto por los demás. Así resulta la adoración pública que no está respaldada por una adoración privada. Cuando en la adoración no hay intimidad, ésta carece de deleite y es vacía.

Para mucha gente el adorar es cantar, pero para Dios es un deleite que disfruta con sus hijos en tiempos de intimidad. Por esto la Palabra dice: «*En tu presencia hay plenitud de gozo; delicias a tu diestra para siempre.*».[15] Pues, aquél que ha conocido a Dios en la intimidad, se convertirá en un excelente adorador, vivirá en el gozo del Señor y se deleitará al cantarle a Él; aunque no pueda sostener una nota por más de dos segundos! ¡Permita que Él lo seduzca con sus lazos de amor! ¡Atienda y responda al llamado de su Salvador! ¡Hoy comience a adorar a Dios en la intimidad de su encuentro! ¡Y déjele saber cuánto lo ama! ¡El poder de Su amor es medicina a nuestra alma…!

La adoración íntima se da en la intimidad de mi corazón y de mi habitación.

Capítulo 8

Vivir conscientes de la Presencia de Dios

«Ahora, pues, si he hallado gracia en tus ojos, te ruego que me muestres ahora tu camino, para que te conozca, y halle gracia en tus ojos… Y él dijo: Mi presencia irá contigo, y te daré descanso».[1]

Me pregunto: ¿Cómo concebimos la presencia de Dios? ¿Con qué la podemos relacionar? Creo que, para unos, Dios es como una vitamina. Así como tomamos cada día vitaminas para fomentar la buena salud, así también pasamos un momento con Dios en la mañana, y continuamos con el día; convencidos de que todo irá mejor. Pero déjeme decirle algo: ¡Dios no es una vitamina! ¡Es mucho más que eso! Para otros, la naturaleza de Dios se captura en esa antigua calcomanía, que decía: *Dios es mi copiloto*. Navegamos las vías de nuestra existencia tratando de no ir a al deriva, pero cuando las cosas se descontrolan; ahí está Dios para rescatarnos. ¡Pero Dios tampoco quiere convertirse en el copiloto de su vida! Y hay quienes, imaginan la presencia de Dios como si fuera una especie de cámara secreta, lista para capturar cada error, con la seguridad de que recibirá su merecido castigo. Sabemos que los ojos de Dios ven cada pecado y que su justicia es veraz. Pero, si nuestra única idea de Dios es la de un espía celestial, la de un copiloto o la de una vitamina estamos desprovistos de visión espiritual, carentes de propósito eterno.

Si Dios no es una vitamina, ni un copiloto, ni un espía celestial, ¿Qué significa entonces, la realidad de Su presencia para nuestras vidas? ¿Será posible que la presencia de Dios nos transforme? Estoy totalmente convencida de que sí es posible. Es más, mi convicción es que el experimentar una relación íntima y constante con la persona de Dios provoca una revolución interior en nuestras vidas. Si hemos

El experimentar una relación íntima y constante con la persona de Dios provoca una revolución interior en nuestras vidas

aceptado a Cristo, poseemos la presencia de Dios en nuestro corazón. El Espíritu Santo mora allí. Sin embargo, si no entendemos la dinámica de su presencia, podemos quedarnos alejados de la bendición que Él quiere darnos.

Existen tres verdades importantes para cultivar la presencia de Dios:

1. Dios siempre está presente con el creyente

«Para que busquen a Dios, si en alguna manera, palpando, puedan hallarle, aunque ciertamente no está lejos de cada uno de nosotros».$_2$

Cuando Dios se reveló a Moisés, Él se identificó como el «*YO SOY*». Como el Dios que existe desde la eternidad. El Dios que está presente en todos los tiempos y circunstancias. A diferencia de los falsos «*dioses*» quienes tienen apariencia de «*estar presentes*», que son «*visibles*» y «*palpables*»; su realidad es ilusoria. No son eternos y su «poder» no es real ni absoluto. En cambio, Dios, aunque es espíritu, está presente. Él jamás dejará de ser, y Su poder es real.

Dios, el «YO SOY» fue quien anunció su llegada entre los hombres a través de su Hijo al mundo. «*...he aquí que la virgen concebirá, y dará a luz un hijo, y llamará su nombre Emanuel»*,$_3$ es el anuncio profético de parte de Dios sobre el nacimiento de Jesucristo, sobre la evidencia Divina de Su amor en rescate a la humanidad. Dios el Padre en la persona del Salvador conteniendo las dos naturalezas, divina y humana. Señal para su remanente de que podían contar con Él entre ellos.

Y cuando el Hijo de Dios regresó al cielo nos dejó ésta promesa: «*...y he aquí yo estoy con vosotros todos los días, hasta el fin del mundo».*$_4$ Significa que, Él está con nosotros por medio de su Espíritu, en su Palabra, por Su cuidado providencial y con su Divina presencia. Prometiéndonos estar todos los días, dondequiera que estemos congregados en Su nombre, que Él estará presente. Dios mismo es vida para sus hijos. Por esto, ¡jamás nos abandonará!

2. Estar concientes de la presencia de Dios depende de nuestra decisión

«Siempre tengo presente al Señor; con él a mi derecha, nada me hará caer».[5] Otra versión traduce este verso de ésta manera: *«A Jehová he puesto siempre delante de mí; porque está a mi diestra, no seré conmovido».*[6] La clave radica en ésta confesión: «Siempre tengo presente al Señor», «A Jehová he puesto siempre delante de mí». Esto describe un acto relevante en la conducta del salmista David. Evidentemente, él tomó una decisión determinante y conciente: La decisión de mantener diariamente su conciencia de la presencia de Dios, viva en él. Aunque Dios esté presente en nosotros, sólo cuando nos determinamos a darle a Él el primer lugar en todo, comprobaremos que Su poder es desatado a nuestro favor.

Se logra comenzando en las pequeñas decisiones hasta las más importantes. Así, como cuando nos encontramos en un autobus junto a otra persona viajando. Aunque no conversemos, estamos concientes de la presencia de esa persona. Aunque no podamos mirarle a la cara, nos sentimos acompañados. De igual manera, podemos vivir concientes de la presencia de Dios, aunque no estemos hablando con Él o contemplando Sus atributos. Esta relación (como cualquier otra) necesita ser cultivada a través de nuestra atención. Desde el comienzo del día hasta su culminación debemos recordar que Su presencia es con nosotros y que nosotros estamos en Él. Debemos mantener a Dios presente en nuestro diario vivir. La comunión con el Espíritu Santo es vital para ser dirigidos, fortalecidos y capacitados para toda tarea que desarrollemos.

Desde el comienzo del día hasta su culminación debemos recordar que Su presencia es con nosotros y que nosotros estamos en Él.

Cuando David proclama: *«no será conmovido»* está expresando la seguridad que le provee su conocimiento de Dios. Porque quienes buscan a Dios, conocen que pueden avanzar hacia la meta confiados en lo que hacen. Sabiendo que el Señor los protegerá siempre y que no serán apartados de su camino. El salmista David, sin desmerecer la herencia que Dios había concedido a su pueblo, reconoció por encima de esto, que ninguna herencia es tan grande como su relación con Dios.

3. Estar concientes de Dios es la clave para nuestra salud espiritual

«*Digo, pues: Andad en el Espíritu, y no satisfagáis los deseos de la carne*».₇ Sólo quienes viven bajo la gracia dependen del poder del Espíritu. «*Andad en el Espíritu*» significa tener nuestras vidas bajo su control; es decir, bajo la dirección de la Palabra de Dios. Es imposible vivir bajo la energía de la carne y mantener viva nuestra noción de la presencia de Dios en nosotros. A causa de las tendencias de la vieja naturaleza, el pecado no puede ser vencido en nuestra humanidad, ni aún por nuestras buenas intenciones. Todo intento para agradar a Dios en nuestras fuerzas o por mantener vivo nuestro conocimiento de Su presencia en nosotros, está destinado al fracaso. Sólo la unión con el Espíritu Santo puede producir frutos, en cambio con la carne sólo obras que perecen (obras muertas).

El carácter cristiano viene de adentro, por el poder del Espíritu. Es el Espíritu Santo quien procura transformarnos a la semejanza de Cristo. Si vivimos por el Espíritu (vivificados, salvos por Él), también andemos por Él (santificándonos cada día más). Entonces, el fruto será notorio, obteniendo como resultado una relación conciente, fructífera y verdadera con la persona de Dios.

El carácter cristiano viene de adentro, por el poder del Espíritu.

El poder para cambiar vive dentro de nosotros; porque Jesucristo es nuestro Señor. No habita en la voluntad del hombre, sino que ésta es sometida bajo la dirección del Espíritu, por la conciencia de Su presencia en nosotros. Es en vano tratar de derrotar el pecado con nuestras fuerzas, mas bien usemos nuestra fuerza de voluntad para volver nuestra mirada hacia el Espíritu Santo!

«Una conferencista compartió acerca de su experiencia al encontrarse a punto de abordar un avión, cuando una voz en su interior le dijo que no lo hiciera. Entonces, desistió viajar, enterándose luego que su vuelo se estrelló. Al contar esta experiencia, uno de sus oyentes se enojó; y le preguntó:
-¿Por qué cree que Dios le habló solo a usted, y no le habló a los demás pasajeros?

-Respondió la conferencista- ¡Yo creo que Él nos habla a todos, pero muchos no lo están escuchando!».

Esta realidad no sólo les sucede a quienes no conocen a Dios, sino también, a aquéllos a quienes Dios los quiere guiar, animar, exhortar y capacitar; a su pueblo. La verdad es que muchos de nosotros no estamos prestando atención. No estamos buscando Su presencia. No estamos concientes de Él!

En cierta ocasión, el evangelista D. L. Moody expuso en una audiencia un vaso vacío y les preguntó: «*¿Cómo puedo sacar todo el aire de este vaso? Alguien le contestó que lo podría lograr usando una aspiradora para vaciar el aire. Pero Moody respondió que el vacío resultante quedaría aún en el vaso. Luego, sacó una jarra con agua y llenó el vaso. Así quitó todo el aire, y dijo: Si nosotros queremos que salga de nuestra vida el pecado, la desilusión y la falta de fruto tenemos que llenarnos con la conciencia de la presencia de Dios*».
El reto para cada hijo e hija de Dios es que comencemos a vivir cada día con la decisión de practicar la presencia de Dios. Recordando que Él está con nosotros y que podemos obtener Su ayuda en los momentos de prueba. Ser agradecidos por Sus bendiciones. Teniendo muy presente que, en lo más profundo de nuestro ser el Espíritu de Dios está obrando, de manera que vivamos por la gracia su poder trasformador, para que ninguno de nosotros sea jamás el mismo!

¡Te ruego que me muestres tu Gloria...!

¿Qué estaba buscando Moisés en realidad? ¿Qué le estaba pidiendo a Dios, cuando pronunció estas palabras en Su presencia? El corazón de Moisés, **cautivado** por la maravillosa realidad de su comunión cercana y real con el gran Yo Soy, no podía limitarse a oír solo su voz; él deseaba conocerlo más, hasta llagar a verlo cara a cara!

La palabra Gloria denota *la naturaleza y actos de Dios en manifestación de sí mismo. Lo que Él realmente es y hace*. La promesa de que Su presencia iría con él, se convirtió en el propósito de su búsqueda hasta experimentarla. En otras palabras, Moisés le pidió al Dios Todopoderoso: «*¡Quiero conocer cómo es Aquél a quien los cielos y la tierra no pueden contener! ¡Muéstrame tu rostro! ¡Permíteme acercarme más a ti...! ¡Déjame ser tu amigo!*». La garantía de la presencia de Dios con su pueblo, para él no fue suficiente; pues, quería una nueva visión de la Gloria del Señor. Moisés estaba hambriento por experimentar la presencia de Dios.

En hebreo la palabra *Gloria* (kabod) significa «peso, importancia o significado». Calificando a personas e indicando su excelencia, o a cosas indicando su perfecto funcionamiento. Es decir, Moisés deseaba conocer lo íntimo de la naturaleza de Dios. Y ¿qué le respondió Dios?: «*No podrás ver mi rostro; porque no me verá hombre, y vivirá*».[8] Y continúa diciendo: «*... y verás mis espaldas; mas no se verá mi rostro*».[9] La palabra espaldas se entiende como «lo que permanece», es decir, el resplandor de la Gloria de Dios; lo que «queda de sobra» después de que Dios ha pasado. Ver las espaldas de Dios significa que sólo podemos mirar por donde ha pasado. Sólo podemos conocerlo por lo que hace y por su manera de actuar. Una vez más, luego de cuarenta días en el monte Sinaí, Moisés regresó con los Diez Mandamientos. Pero esta vez, él regresó al campamento completamente radiante. Dado que el pueblo estaba impedido de entrar al Lugar Santísimo para percibir la Gloria de Dios, ellos tampoco podían ver la Gloria de Dios reflejada en el rostro de Moisés.

La intimidad con Dios que él disfrutaba era única en aquella época. A partir de ese momento, la tarea principal de este líder hebreo fue comunicar la voluntad de Dios al pueblo. Quien fue conocido como «*un hombre de Dios muy manso, más que todos los hombres que había sobre la tierra*».[10] El sello de su vida espiritual como resultado de la íntima relación con Dios; lo fue transformando en un hombre marcado por la presencia del Dios Omnipotente. Como dijo Jesús, el Hijo de Dios, de sí mismo: «*...y aprended de mí, que soy manso y humilde de corazón; y hallaréis descanso para vuestras almas*».[11] Ser manso o dócil, significa *no ofrecer resistencia*, y ser humilde significa *no tener amor propio*. Él presentó mansedumbre durante la oposición, y fue humilde de corazón cuando sufrió el rechazo. Su sometimiento voluntario al Padre, sin importar cuál fuera el costo por su obediencia le brindaba satisfacción; porque su corazón tenía reposo al hacer la voluntad del Señor.

Porque en la medida que participamos de Su vida y somos conformados a Su imagen, los frutos de la vida espiritual saludable se manifestarán. El fuego del Espíritu Santo fue quien consumió día a día el pecado existente en la persona de Moisés. Este varón hebreo que *vio las espaldas de Dios* experimentó y contempló la Gloria de la santidad de Dios. Presencia gloriosa que resplandecía cada día más en el interior de Moisés y que se dejaba ver en la mudanza de su rostro.

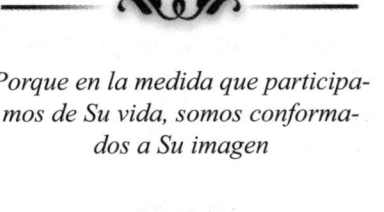

Porque en la medida que participamos de Su vida, somos conformados a Su imagen

El verdadero descanso

¿Cuántas veces al llegar las horas de la tarde, usted se ha dicho: «*Estoy cansado, necesito descansar*»? Teniendo presente que, todo lo que comprende nuestra vida cotidiana tiende, por lo general, a saturarnos, a azotarnos, a exprimirnos hasta dejarnos sin fuerzas (algunas veces); carentes de ánimo para continuar con otra actividad.

El trabajo físico o mental, el exceso de actividades, los compromisos, los «debo hacer» o «tengo que hacer»; nos roban el vigor. Igualmente, las enfermedades, las zozobras, las incertidumbres, las decepciones afectivas, los disgustos en el hogar, las experiencias difíciles en el trabajo, la inseguridad basada en las promesas de los políticos; etc., han contribuido a crear una sociedad saturada. Y para el cansancio físico existe una opción práctica y sencilla: el descanso físico. Pero, ¿Qué sucede cuando el cansancio es más que físico, es un cansancio en el alma?

Cuando todo parece contrario y no sabemos qué hacer; cuando hemos agotado los recursos e intentado muchas opciones y nada parece funcionar; cuando la angustia y la preocupación están presente momento a momento; cuando la ansiedad nos consume y deseamos desesperadamente hallar la verdadera paz; cuando anhelamos descansar pero es imposible...! Tan pronto como nos predisponemos para relajarnos y obtener un poco de tranquilidad, aparecen a nuestra mente el recuerdo por lo que hemos sufrido, aquel problema que hemos vivido o la dolencia que nos aqueja. Experimentamos la sensación de sentir como si todo se nos hubiera derrumbado; nos embarga la tristeza y nuestro rostro refleja una inmensa preocupación, volviéndonos irritables e intolerantes. La sonrisa parece haberse esfumado y lo peor de todo es que, la mayoría de las veces, tratamos de ocultar nuestra realidad a través de máscaras invisibles e inútiles para evitar que otros sepan lo que estamos viviendo.

¡El verdadero descanso del alma sólo proviene de Dios!

Cuando esto sucede significa que ¡urgentemente necesitamos el verdadero descanso que proviene de lo alto! ¡El descanso del alma que sólo provee Dios!

«*Hace algunos años tuvo lugar en la ciudad de New York un incendio que destruyó muchas casas. En el piso superior de una de las casas apareció un niño de unos seis años llorando con desesperación y gritando aterrorizado para que subieran a salvarle. Pero era totalmente imposible. La escalera de la casa estaba totalmente destruida por el fuego y las llamas que salían por las ventanas impedían apoyar una escalera de emergencia para ir a socorrerlo.*
El único recurso era que éste se lanzara a través del humo y las llamas, ya que nada le ocurriría en su rápido descenso, porque manos

cariñosas estaban prontas para impedir que su cuerpito chocara con el suelo. ¿Pero cómo persuadir a un niño de seis años a tal acto de heroísmo?

Ante el silencio del público impresionado por la escena, se levantó la voz del padre ordenando y rogando al niño a lanzarse sin temor y sin esperar un momento más!

El niño titubeó diciendo: -¡Papá! ¡Te oigo, pero no te veo! ¿Dónde estás?

-Aquí, ¡Hijo mío! Estoy aquí esperando que te tires, presto para cargarte. Lánzate, no temas.

-No veo más que humo, papá, no puedo verte.

-No importa, lánzate enseguida.

-Tengo miedo papá; pero si tú me estás diciendo que lo haga...papá ¡cárgame en tus brazos!

Así lo hizo el pequeño y unos instantes después estaba sano y salvo en los brazos de su padre.»

Del mismo modo, el Dios invisible, nuestro Padre celestial, a quien reconocemos a través de las obras maravillosas de su creación; nos invita a confiar en Él y en su bendita Palabra. Él, como Padre amoroso, siempre está esperando por nosotros, con sus brazos abiertos;

Nuestro Padre celestial, nos invita a confiar en Él y en su bendita Palabra.

para cercarnos y sostenernos. Jesús nos invita y promete liberarnos de las presiones diarias al acudir a Su presencia. Él nos llama de ésta manera: «*Venid a mi todos los que estáis trabajados y cargados y yo os haré descansar*».₁₂ En otra versión dice así: «*Vengan a mí todos ustedes que están cansados y agobiados y yo les daré descanso*».₁₃ El hacer Su voluntad, de manera consciente y voluntaria, sin la presión de la obligación que impone la ley o la religión, nos permite aprender de Jesús. Esto es descanso interior, que en nada se parece a lo que conocemos en el descanso físico, de nuestra naturaleza. Es paz con Dios, y no significa que debamos dejar todo esfuerzo.

Donde sólo la relación con Dios puede transformar cualquier trabajo cansador y sin sentido en productividad espiritual con propósito. «*Yo os haré descansar*», es el descanso de la paz con Dios que proviene de la salvación. «*Hallaréis descanso*», es la paz de Dios que se produce cuando a Él nos entregamos completamente. Y esto también abarca los problemas. Para que la paz se establezca en medio de la tormenta, necesitamos tener control de lo que pensamos. Sabemos que todo pensamiento erróneo conduce a la intranquilidad y al desaliento; en cambio el pensamiento enfocado en Jesús nos conduce a la paz.

Para que la paz de Dios se establezca en medio de la tormenta, necesitamos tener control de lo que pensamos.

Muchas personas han intentado obtener este tan anhelado «descanso» a través de medicamentos, en diversas religiones, las filosofías, y otras diferentes fuentes. Prácticas que al principio parecieron funcionar con la esperanza puesta en lo que ofrecían como eficaz. Pero nada de lo que al comienzo pareció sorprendente, realmente cumplió con las expectativas de la persona necesitada. Esto ocurre, porque sólo Jesús puede ofrecer esperanzas y cumplir con lo que promete. Sólo Él puede desde el interior del hombre, enseñarle a tomar control de lo que ingresa a su espíritu y así, adiestrarlo para vivir de una manera equilibrada y saludable en todo aspecto.

Jesús, es nuestro ayudador. Él es el verdadero descanso. Su descanso (su paz) difiere absolutamente con la que el mundo da y en su manera de darla. El Señor lo dijo, de ésta manera: «*Mi paz os dejo, mi paz os doy, yo no os la doy como el mundo la da, no se turbe vuestro corazón ni tenga miedo*».[14] Lo que no proviene de Cristo es superficial y temporal; mientras que la paz que Él da habita muy profundo en el corazón, satisface y permanece para siempre. El mundo ofrece «paz» a través de medios externos; Cristo da paz al alma. Cuando Jesús nos dice «*mi paz*» remarca la diferencia que existe entre lo verdadero y lo temporal. En otras palabras, está asegurando que Su amor expulsa todo temor, tormento, ansiedad, preocupación y el horror que habitan en el interior del hombre; porque Él está en control de todas las circunstancias.

¡Animo! Cada sueño y petición de su corazón están siendo

procesados, ahora mismo, en las manos de Dios. ¡Paciencia! Existe un tiempo perfecto para cada situación en nuestra vida. En el *tiempo de Dios* nada llega demasiado tarde o demasiado temprano.

¡Créale a Dios…!

Si usted nunca ha invitado a Jesús a ser el Señor y Salvador de su vida, ahora mismo puede recibir a Dios a través de Jesucristo y convertirse en un hijo o una hija de Dios. Por favor, repita esta sencilla oración, y si lo hace verdaderamente con sinceridad, usted experimentará a partir de éste momento una nueva vida en Jesús:

«*Padre celestial, yo creo que Jesús es tu Hijo, creo que el murió en la cruz por mí. Y que a través de Él son perdonados todos mis pecados. Yo creo que Jesús resucitó, y que ahora está sentado a la diestra de Dios Padre. Yo te necesito, ayúdame Jesús, te pido perdón por todos mis pecados; sálvame. Y ven a morar dentro de mí. Yo quiero nacer de nuevo a través de mi fe en ti*».

Si usted ha hecho esta oración con todo su ser, crea que Jesús ya vive dentro de su corazón. Crea que sus pecados ya han sido perdonados y que por Su sangre usted ya ha sido justificado. Ahora, usted necesita congregarse en una iglesia donde le enseñen la sana doctrina. Para que pueda fortalecer su fe y ser guiado y enseñado a través de la Palabra de Dios y del consejo oportuno, de quienes sirven al Señor íntegramente.

Esto nos dice el Señor a cada uno de sus hijos: «*Porque yo sé los pensamientos que tengo acerca de vosotros, dice Jehová, pensamientos de paz, y no de mal, para daros el fin que esperáis*».[15] Dios como padre, como líder nos alienta a continuar hacia la meta, creyendo que podremos llevar a cabo la tarea que nos ha encomendado porque Él estará con nosotros a lo largo del camino. Él, únicamente, es quien conoce el futuro y nos señala que sus planes para nosotros son buenos y están llenos de esperanza. Más allá del dolor, de los problemas o del sufrimiento, Él nos enseña que debemos mantener presente esta verdad: que Dios nos ayudará a llegar a un final glorioso. ¡Recuerde que para Dios nada es imposible!

David, antiguo rey de Israel, hablando de Jehová Dios, dijo: «*En lugares de delicados pastos me hará descansar; junto a aguas de reposo me pastoreará*».$_{16}$ Esto es precisamente lo que David hacía con sus ovejas. Iba delante de ellas para librarlas del peligro. El se aseguraba de proveerles seguridad y protección. Incluso cuando atravesaban un valle difícil, él como pastor estaba junto a ellas. Las guiaba a pastos tiernos, a las aguas de reposo. Ocupándose de que todas hayan llegado de regreso al redil para luego revisarlas por si alguna estuviera lesionada y necesitara aceite refrescante para calmarla y sanarla, y darle a beber agua fresca. Meditando, en varias oportunidades, sobre la vida del salmista David, y su comunión y relación íntima con Dios; comprendí que su seguridad era firme sin importar la gravedad de la situación que atravesaba, porque sabía que la mano de su Padre celestial estaba con él. Me imagino las veces que estando sentado al cuidado de las ovejas, hablaría con Dios como si estuviera sentado al lado de Él.

La experiencia de la comunión íntima con el Señor es como las aguas apacibles, que nos imparten paz, amor y reposo. Así como el buen pastor da su vida por sus ovejas; así nuestro Padre celestial no sólo estará con nosotros siempre, sino que Él mismo es nuestro pronto auxilio.

La experiencia de la comunión íntima con el Señor es como las aguas apacibles, que nos imparten paz, amor y reposo.

Así como el pastor debe permitir a veces que su rebaño transite por lugares o momentos de oscuridad, peligro o riesgo, pero luego de atravesarlos son guiadas al redil, al lugar seguro. Así nuestro Padre y líder nos acompañará en cada etapa de nuestra vida, para conducirnos siempre al final de cada jornada, al reposo de Su presencia.

Quizás, antes creíamos que nuestras vidas estaban en manos del azar o del destino; pero lo importante es que hoy sabemos que pertenecemos a Dios y que vivimos tomados de Su mano. Por último, quiero compartir con usted este verso, que es de gran motivación, especialmente para aquéllos que alguna vez hemos creído que Dios nos ha olvidado: «*¿Quién nos separará del amor de Cristo? ¿Tribulación, o angustia, o persecución, o hambre, o desnudez, o peligro, o espada? Por lo cual estoy seguro que ni la muerte, ni la vida, ni ángeles, ni principados, ni lo presente, ni lo por venir, ni lo alto, ni lo profundo, ni ninguna otra cosa creada nos podrá separar del amor de Dios, que es en Cristo Jesús Señor nuestro*».$_{17}$ En los versos anteriores nos enseña que nadie que se oponga contra nosotros, triunfará. Entonces, también afirma que nada ni nadie puede separarnos del amor de Cristo!

El amor de Dios derramado a través de Cristo en nuestro corazón, es la fuente de Su salvación eterna. Y en la salvación de Dios, este amor ejecuta por nosotros muchas cosas extraordinarias por medio de la gracia de Cristo. A pesar de que el enemigo ataque con diversos sufrimientos o calamidades, sepamos que al responder al amor de Dios en Cristo, sus ataques obran para bien, llegando a ser un beneficio para nosotros.

Por Su salvación no sólo disfrutamos del amor de Cristo, sino que hemos sidos aprobados por Dios para vivir unidos a Él bajo sus bendiciones. Y además, su Espíritu es quien nos va transformando para llegar a la meta final de esta salvación, es decir, entrar en la incomparable Gloria divina y ser glorificados juntamente con Dios.

Recuerde:

«La presencia de Dios está con nosotros y nos provee descanso»

«Él estará junto a nosotros hasta el fin del mundo»

«Su poder minimiza cualquier problema, enfermedad o crisis financiera»

«Él es el SHADAI, el Dios que es más que suficiente»

«¡Acércate a Él…, porque Él está esperando por ti…!»

NOTAS

Introducción
1. Juan 4.9-14
2. Juan 4.14

Capítulo 1: Tiempos de Cambio
1. Isaías 55.10-11
2. Isaías 10.27
3. Deuteronomio 8. 2-3
4. 1Juan 5.14-15
5. 2Timoteo 1.12
6. Números 13.27-33
7. Números 14.24
8. Números 14.30
9. Salmos 42.2-7
10. Mateo 5. 1-11
11. Isaías 57.15
12. 2Cronicas 16.9
13. Numerous 11.23 e Isaías 59.1
14. Hebreos 4.16 (NVI)

Capitulo 2: Divina Insatisfaccion
1. Salmos 63.1-2
2. 1Juan 2.27
3. Jeremías 33.3
4. Lucas 10.38-40
5. Lucas 10.39
6. Lucas 10.40
7. Lucas 10.42
8. Juan 11.1-44
9. Juan 11.35
10. Juan 12.1-2
11. Romanos 8.28-30

12. Éxodo 33.18
13. Éxodo 33.14

Capítulo 3: El Fuego de la Pasión
1. Jeremías 29.12-13
2. Éxodo 32.1
3. Éxodo 20.4
4. Éxodo 32.2-3
5. Éxodo 32.5
6. Éxodo 32.6
7. Juan 15.1-10
8. Juan 15.2
9. Juan 12.24
10. Juan 12.25
11. Juan 15.4
12. Juan 15.5
13. Juan 15.6
14. 2Timoteo 1.6
15. Levítico 6
16. Levítico 9.24 y 2Cronicas 7.11
17. Romanos 12.11
18. 2Corintios 4.7
19. Mateo 7.7ª

Capítulo 4: Una Poderosa llave del Reino: El silencio
1. Habacuc 2.20
2. Salmos 119.15-16
3. Salmos 119.97-98
4. Josué 6.20
5. Salmos 104.34
6. Salmos 145.5
7. Salmos 46.10

Capítulo 5: Divina Paternidad
1. Efesios 2. 1,4 -5
2. Mateo 26.14-16
3. Lucas 15.12

4. Lucas 15.12
5. Lucas 15.13
6. Lucas 15.14
7. Lucas 15.15 (NVI)
8. Lucas 15.16 (NVI)
9. Lucas 15.17
10. Lucas 15.18 (NVI)
11. Salmos 84.10
12. Lucas 15.21
13. Lucas 15.19 (NVI)
14. Lucas 15.20
15. Lucas 15.20 (NVI)
16. Isaías 49.15
17. Lucas 15.22
18. Lucas 15.24
19. 2 Corintios 7.1

Capítulo 6: Fresca Unción
1. 1Juan 2.27
2. Salmos 52.8
3. Zacarías 4.12
4. Mateo 25.3,4,8
5. Lucas 10.34
6. Lucas 7.46
7. Hebreos 1.9
8. Marcos 6.13
9. Santiago 5.14
10. 2Timoteo 3.1-5

Capítulo 7: Deleite al Adorarlo
1. Cantar de los cantares 1.4
2. Hebreos 13.10-16
3. Levítico 4.2-12, 16.27, 6.30
4. Salmos 138.1-3
5. Salmos 138.2 (NVI)
6. Salmos 95.6 (NVI)
7. Salmos 98.4-6

8. Salmos 47.1
9. Salmos 134.2
10. Marcos 12.30
11. 1Samuel 15.22
12. Génesis 22.2
13. Mateo 15.8-9
14. Mateo 6.21
15. Salmos 16.11

Capítulo 8: Vivir concientes de la Presencia de Dios
1. Éxodo 33.14
2. Hechos 17.27
3. Isaías 7.14
4. Mateo 28.20
5. Salmos 16.8 (NVI)
6. Salmos 16.8
7. Gálatas 5.16
8. Éxodo 33.20
9. Éxodo 33.23
10. Números 12.3
11. Mateo 11.29
12. Mateo 11.28
13. Mateo 11.28 (NVI)
14. Juan 14.27
15. Jeremías 29.11
16. Salmos 23.2
17. Romanos 8.35,38,39